わかりやすい「同一労働同一賃金」の導入手順

人事労務コンサルタント
社会保険労務士
TAKASHI NINOMIYA
二宮 孝 著

労働調査会

は じ め に

　同一労働同一賃金に向けて、巷ではさまざまな意見がかまびすしく飛び交っています。

　ガイドライン案、関連法案をみたとき、「これは大変なことになりそうだ。改正の方向性は理解できるが、どのように見直せばよいのか検討もつかない」というのが、率直な印象でした。見直す範囲、手順や方法、社員への説明の仕方や実際の運用はどうあるべきか、いまだもって手探りという状況ではないでしょうか。

　法案が提出される前段階のガイドライン案策定にあたって、西欧諸国の労働慣行及び法規を参照したとのことですが、日本とは歴史的にみても雇用環境が大きく異なっています。これは、どちらが正しいというものではありません。西欧の同一労働同一賃金論のベースは歴史的経緯からみて「男女平等」から来ているようですが、今回の法改正は、非正規社員と正規社員との格差解消ということが一番の名目に挙げられています。このことからも混乱が生じているようです。

　今回の法改正は、包括的で抽象的なものにとどまり、判例を積み重ねることによって具体的な基準やルールを確かにしていくという趣旨のようです。「判例は法になり得る」とは学生のときに学んだことですが、考えてみれば、判例は個々の企業での実例に即したものである以上、それぞれが別個の案件であることには違いありません。最高裁判決までいけば新たな基準として位置づけられるのは当然ですが、なかにはきわめて特異な例もあったりして、果たしてこれが参考となるのかどうか、また新たな悩みの種となります。

　私が長年営んできた人事コンサルタント業は、現場サイドに立ったきわめて現実的なものです。一歩間違うと、独りよがりの決めつけに陥る心配もありますが、抽象的な理想論を振りかざしても、すぐに「どうぞお引き取りを」の世界です。

　その企業にとってその時点で何が適策と言えるのか、「押してもだめなら引いてみな」流で日々悩みながら実践に臨んでいます。発生する問題

に対し、1つひとつ解決しながら、試行錯誤のもとに"行きつ戻りつ"の世界にどっぷり浸っているのです。

＊　　　　　　　　＊

　あらためて中小企業において求められる人事制度は何かを考えてみます。

　いわゆる"ブラック企業"とレッテルを貼られるのは問題外ですが、かと言って完全にホワイト企業で突き進められるのかと言えば、経営困難に陥ってしまいかねない危うさを常に感じています。私はこれを人事のリスクマネジメントとして重視してきました。

　中小企業にとってやってはならないことは何か、すぐにやらなくてはならないことは何か、じっくり時間をかけて見直すべきことは何なのか、これらのことははっきりととらえていく必要に迫られています。あいまいなところを埋めていくのが我々の役目だと感じています。

　企業はまずは存続し、さらに発展を期すことを前提とした存在です。ときに反目することもありますが、私は会社側も労働者側も同じ価値観のもとでの相互の関係であると信念を持って関わってきました。

　人事は、対象が今ここに生きている"ヒト"であるということを常に認識しつつ、情報を共有し、相互理解のもとに動機づけられ、切磋琢磨してヒトは成長し、企業は発展していく、これに尽きると信じています。やる気をなくしてうまくいく人事は何ひとつありません。法は、このことについて配慮してくれるものではありません。

　本書は法の解説書ではありません。まさに企業経営は生き物であり、コンサルティングはその都度その都度の決断が求められる世界です。中長期的な視野に立って企業の将来を真摯に考えること、一方で現場サイドの目線で足元をしっかり見据えながら、ステップアップ方式で着実に改革を進めていくこと、これを前提に記述したものです。ときに関連法規及びガイドライン案の表面的な趣旨にそぐわないところに違和感を持たれるかも知れませんが、本書はあくまでも現場で日々現実に対応していくことを重視するものですので、この点ご容赦ください。

目　次

Contents

は じ め に

第Ⅰ編　同一労働同一賃金に向けて

1 これまでの人事労務管理 ──────────── 6

2 雇用環境の変化を振り返る ──────────── 8

3 社員の側からみる ──────────── 12

4 ガイドライン案をみる ──────────── 17

5 改革に向けての基本スタンス ──────────── 25

6 これからどう変わるか？ ──────────── 30

7 労働時間管理の行方～時間で管理するマネジメントからの脱却 ───── 34

第Ⅱ編に向けて ──────────── 40

第Ⅱ編　実際のトータル人事制度設計
──コンサルティング事例から

序　章 トータル人事コンサル開始前の相談 ──────────── 42

第1章 キックオフから現状診断へ ──────────── 52

第2章 コース設定 ──────────── 58

　人事制度のフレームワーク ································ 58

　コース区分の明確化 ································ 63

　職掌の区分 ································ 68

　パート等の契約社員 ································ 70

第3章 等級制度 ──────────── 72

　人事システム全体の位置づけ ································ 72

　等級制度の設計 ································ 74

第4章 役割・職務分析 ──────────── 81

　役割分析の意義 ································ 81

　管理職の複線化としての見方 ································ 86

　簡易版の職務評価 ································ 91

第5章 昇格・昇進制度 ──────────── 94

　昇格・昇進制度の見直しの方向性 ································ 94

　昇格基準・昇格判断の方式 ································ 95

第6章 月例賃金制度 ──────────── 107

　賃金体系全体から ································ 107

複合型賃金体系としてとらえる ……………………………… 109

年収単位で賃金要素をとらえる ……………………………… 114

職掌別にとらえる ……………………………………………… 116

手当の設計 ……………………………………………………… 117

基本給の設計 …………………………………………………… 121

管理専門職の複線型賃金制度 ………………………………… 142

第7章 賞与・退職金制度 ——————————— 146

賞与制度の再設計 ……………………………………………… 146

退職金制度 ……………………………………………………… 155

第8章 人事評価制度 ——————————————— 160

評価制度の基本的な考え方 …………………………………… 160

評価制度設計のステップ ……………………………………… 161

評価の区分 ……………………………………………………… 163

評価制度への具体的落とし込み ……………………………… 183

評価の運用 ……………………………………………………… 185

第9章 パート社員等非正規社員 ————————— 195

パート社員の人事制度の基本的な考え方 …………………… 195

パート社員の賃金制度の設計 ………………………………… 198

パート社員の人事評価 ………………………………………… 202

有期から無期契約への転換 …………………………………… 205

参考：人事制度運用規程の例 ………………………………… 207

第Ⅲ編 同一労働同一賃金化のポイント——キーファクター

序 非正規社員の側からみた優先実行課題とスケジュール ——— 210

1 現状分析を進めるポイント〜将来を見据え、自社の現状を直視する
——第Ⅱ編第1章 ——————————————————— 214

2 人事区分を再編成するポイント
——第Ⅱ編第2章 ——————————————————— 216

3 人事フレーム構想を再設計するポイント ————————— 221

4 賃金を再設計するポイント ————————————————— 227

5 人事評価を再設計するポイント
——第Ⅱ編第8章 ——————————————————— 231

6 非正規社員の人事賃金の再設計
——第Ⅱ編第9章 ——————————————————— 234

7 関連して実行すべきポイント ————————————————— 235

あとがき

※本書において、「ガイドライン案」とは、「同一労働同一賃金ガイドライン案」（2016年12月20日公表）を指します。

第Ⅰ編

同一労働同一賃金に向けて

第Ⅰ編　同一労働同一賃金に向けて

1 これまでの人事労務管理

　日本型労務管理の特徴として、終身雇用・年功序列賃金・企業別組合の3つの観点から語られてきました。ただし、これらも時代によって少しずつ変化してきています。まずはこれについて整理してみたいと思います。

1 終身雇用を振り返る

　終身というのは何ともおおげさな言い方ですが、男性を中心としたいわゆる総合職については、長らく超長期的雇用を前提としてきたのは事実でしょう。しかしながら、超長期が長期へ、業種や職種によって長期であったものは中期へと、期間が徐々に短くなってきているのは確かです。
　ゴールの時点での早期退職優遇制度は既に終身雇用とは相反する制度ですが、スタートの時点での採用のあり方も少しずつ変わってきています。なかには新卒採用を止めて、通年採用に切り替えた企業もあります。大胆に管理職候補としてのキャリア採用に力を入れている企業も少なくありません。賃金面からみれば、昔は中途採用については、低い賃金に抑えてきたところも多かったのは間違いありませんが、最近の求人難を反映して見直しが進められてきており、新卒採用においても、職種別にまたは何らかの基準を設けて、なかには高額の初任給を支給する企業も出てきています。

2 年功序列人事を振り返る

　製造業やIT業界など、業種によっても大きく異なるところですが、平均年齢が若くて右肩上がりの成長を前提とした年功序列型人事が既に薄らいでいることは言うまでもないでしょう。ただし、留意したいのは、「うちの会社は年功的だから」とは今でも聞きますが、これは男性を中心とした超長期的雇用者に対して、平等と安定性を重視するために年功序

列的な要素が強い傾向がうかがえるということに他なりません。

さらに、年功序列主義と能力主義との二者択一であるかのような言われ方をよくしますが、実際はそのようなものではありません。前述のように日本の企業は西欧とは異なり、企業は、日本流の組織風土に適応した能力主義人事をこれまで継続的に進めてきたと言えます。特に昇格、昇進をみれば明らかです。少なくとも上位の階層においては、皆がいっせいに横並びで昇格したということはこれまでもあり得ませんでした。

しかしながら、いずれにしてもここに来て、同一労働同一賃金政策が企業全体からみて脱年功序列型人事に拍車をかけることは間違いありません。

3 ┃ 企業別組合を振り返る

大企業を中心とした話にはなりますが、これまでは企業別組合組織を中心として労働運動が進んできました。産業別・職種別の横断的な労働組合が前提になっていた欧米とは大きく異なるものです。この日本独自の組合組織によって内向きながら結束力を高めて業務効率が向上し、競争力を高めるというメリットがあったのも確かです。

しかし、これには大事な視点が抜けています。これまで労働組合は、正社員の処遇改善をねらいに定め、現在、雇用者全体のほぼ4割を占めるようになった契約社員やパートタイマーなどの非正規社員の処遇改善には関心を持っていませんでした。また、関連グループ企業の社員に対してもしかりです。これがここに来て、ようやく変わろうとしてきています。例えば、パートタイマーの時給のアップなど非正規雇用の労働条件の改善を課題として取り上げるようになってきました。

第Ⅰ編　同一労働同一賃金に向けて

2　雇用環境の変化を振り返る

　将棋の世界で、人がコンピュータに勝てなくなったというのはまだ記憶に新しいニュースです。かと思うと、将棋よりも複雑で高度だとされていた囲碁の世界でも間を空けずに続き、今や自動車業界でも自動運転が実用化されつつあるという状況にあります。

　野村総合研究所と英国オックスフォード大学との共同研究によると、日本の労働力人口の約49％が就いている職業において、将来人工知能（AI）やロボット等で代替されると発表されました。今後いっそうAI化が進むということは、これまでとは異なる雇用の形態も想定され、コスト面を含めて大きく変わっていくということでもあります。これに同一労働同一賃金が拍車をかけていくという見方もできるかと思います。このような雇用環境の激変が予想されるなかですが、今一度しっかり立って現状を見詰めてみたいと思います。

1 │ 高齢化、少子化

　高齢化や少子化については、将来動向が最も確実に予測できる現象ですが、これについてはワンセットでとらえる必要があります。それは、少子化の影響もあって若い人の採用が困難であるために高齢者を手放せない状況であるということです。

　アメリカでは相当昔から法律で年齢差別が禁止されているとのことですが、日本でも少しずつながら、近づいていると感じる場面が多々あります。高齢者雇用についての相談もよく受けますが、中小企業などでは、就業規則に定められている60歳定年を会社も当人も意識しておらず、気がつくと定年の60歳を超えて継続して勤務していたという笑い話のような話があったりします。

　年金の原資が大きな社会問題となっていますが、そもそも、人生百年の時代に60歳定年制はそぐわないと感じます。雇用延長で65歳などの第二定年を設けたりするなど、本来１つしかないはずの定年がなぜいくつ

8

もあるのかということがその実態を表しているように思えます。エイジレスも既に目にみえてきているのだと言ってよいでしょう。

2 | 国際化

さらなる国際化に対応していくことも、重要な課題です。大企業などでは、グローバル基準として、評価制度など統一した基準を策定している企業も既に見受けられます。中小企業もその波に飲み込まれてきています。クライアント企業からの相談を受けるなかで、シンガポールの現地法人での管理職採用にあたり、日本で勤務経験もある現地在住者を採用したいとの要望を聞いたこともあります。新卒も含めて外国籍の社員の採用などは既に身近になってきていると感じます。同一労働同一賃金をきっかけとして、これまで国際化にはあまり縁がなかったような企業であっても、何らかの影響が出てきていることは間違いのないところでしょう。

3 | 顧客第一主義

ある大手宅配便業者が、人手不足を背景に過剰サービスを見直し、料金の値上げを行ったことは記憶に新しいでしょう。欧米と比べての前提条件の大きな違いの1つとも言われていますが、顧客や最終ユーザーに対するサービスのあり方について、社会的にみても再度考え直す必要に迫られそうです。中小企業は、なかなかそうはいかないのが一番の悩みではありますが、過剰なサービスが従業員の負担を大きくしているということは、今回の法改正にあたってネックになるところです。

4 | 首都圏と地方

人事コンサルティングでいつも課題となるのが、地域差についてです。本社（首都圏）と地方事業所との処遇のあり方について混乱が起きています。発表されている賃金データをみると、初任給から始まって平均水

準から地域によって歴然とした違いがあります。賃金に生活給としての要素が含まれている以上、物価を始めとして生活環境を考慮せずに賃金を決定することはできません。それぞれの企業ごとにポリシーをしっかり打ち出す必要があるでしょう。他社と横並びでとらえる必要はありませんが、全国展開を図っていく戦略のなかで、本社採用と現地採用、転勤の基準や社宅を始めとして福利厚生の面からも総合的な検討が必要になってきています。実は、これをグローバルな視点でとらえると、海外駐在員など海外給与のあり方まで話が一挙に大きくなってしまいます。

5 │ 正社員とは何だったのか～「通常」の意味するところ

　「正社員」とはいったい何を指すものでしょうか。とくに定義がなければ、契約期間がとくに定められておらず、また就業規則で定められた通常の時間を勤務する従業員ということになるでしょう。

　私は、厚生労働省のパートタイム労働者を対象とする調査のうち介護業界の調査に協力したことがありますが、ある企業では「正社員」という言葉そのものが通用しませんでした。と言うのもフルタイムで恒常的に働いているのは役員だけだったのです。その会社では、60歳代の娘と80歳代の母がともに元気に働いているということも聞きました。日本の人事賃金制度は、これまで製造業を中心に組み立てられてきたと言われますが、このように他の業界をみてみると新たな発見があるものです。

　他に目をやると、IT業界などは小規模の企業が多いのですが、短い期間でアメーバーのように移り変わってきています。業界すべてということではありませんが、ある企業では、3、4年前に得た知識や経験が次の時代の糧となるという連続性というものがきわめて薄いという状況にも遭遇しました。成果主義を挙げるまでもなく、また定年前後の社員の処遇をどうするかという悠長な問題でもなく、30歳代、40歳代の社員にとって、感性が問われるとともに常に新しい機種への対応力が問われているのだという厳しい現実があります。ある意味では、これまでの人事の常識がほとんど通用しない非常の世界がそこにあるのを垣間みることとなります。

2 雇用環境の変化を振り返る

6 | 中小企業からみる

　今回の同一労働同一賃金に関する法改正にあたっては、大企業については2020年4月から、中小企業についてはさらに1年間の猶予が認められます（有期雇用者・パートタイマーに関する改正法の中小企業への適用は2021年4月から）。すなわち、大企業の見直しの事例を参考としつつ、自社の実情に合った見直しを進めることができるわけです。とても余裕があるとは言えませんが、その間に中長期的な計画に基づいて自社流の人事賃金制度の再構築を図っていく必要があります。社員にとっては、これまで以上に「見える化」、会社にとっては、「説明責任」が求められることになり、これについての検討が必要になってきます。拙速はいけないが、遅れをとらないように自社で最適な再構築を進めていかなくてはならないということに他なりません。

11

第Ⅰ編　同一労働同一賃金に向けて

3　社員の側からみる

1 ┃ 見えない心を見る～隣の芝生は青い？

　私は、人事コンサルティングを始めるにあたって、経営幹部から始まって管理職、さらに一般社員への個別インタビューを行っています。これとは別に意識調査（モラール調査、従業員満足度調査）を行うこともあります。これらの社員の意識に沿っていくということはこれからますます重要になってくるものと思われます。これは、社員の普段見えない心をみる、すなわち本音を探るということにも結びつくものです。

2 ┃ 働き方の変化

（1）ワークライフバランスとは何か

　「ワークライフバランス」という一見して聞こえの良い言葉のなかに、新たな時代の厳しい"成果主義"を感じる人も少なくないでしょう。会社はこれまでのように社員のプライベートまでは関与せず、面倒をみないというとらえ方もあろうかと思います。すなわち、仕事でやることをやっていれば、プライベートの時間は会社から完全に解放される一方で、ライフとのバランスをとっていくのは個々の社員の自己責任でもあるという見方が背景にあるわけです。

（2）個々のライフプランによる選択と自己管理

　既に「一家の大黒柱」という表現は死語となり、共働きはもちろんのこと、最初に入社した企業だけで完結するという見方はもはや過去のものとなっています。

　これからの70歳までの長い期間を前提にすれば、いつまで働くのか、転職をどうするのか、高齢の域に達してからの独立事業者の道や、途中ボランティアの期間を設けたり、副業を行ったりするなどの期間も含めて複雑多様化してくることが想定されます。

12

自らのライフプランのなかでキャリアをどう形成していくかについては、企業に依存しない自己管理（自己マネジメント）がより厳しく求められることになります。これまでの人事管理の延長ではとても対応できなくなってくることが予想されます。

(3) 育児と介護

育児と介護については、これまで以上に負担が重くのしかかってきていると感じます。育児については、今でも女性の側に負担がかかっていることが実情であることを疑う余地はありません。先日も保育園に入園できるか、できるとしたらいつからか、出産の時期によって、また会社の業務によって変わってくるのでタイミングを見計らうことに考えあぐねているとの話を聞きました。

一方の介護については、介護離職が大きな社会問題になってきているところですが、配偶者も合わせると両親は4名いるわけで、さらに両親の兄弟や、夫婦の兄や姉なども加わったりして複数の介護者を抱えて苦慮しているとの話を聞いたりします。平均寿命が延びるのはけっこうなことですが、介護する側からみると、管理職など責任が重くなってから一気に要介護者を抱えるなどの問題が実際に出てきているようです。ライフステージごとにみた負荷にどう対応していくべきか、考えざるを得ません。

(4) 働き方の柔軟化（副業・兼業の許容）

ここに来て、副業や兼業を認める動きが強まってきました。厚生労働省はこのためのモデル就業規則を掲示し、実際に自社の規程を見直す企業も出てきています。

ある意味、これまでの雇用政策の大きな転換期に来ていると感じざるを得ない現象です。

これは、社会貢献も含めて視野を広げて別の経験を積むことにより、いっそうキャリアを磨くといったきれいごとにとどまるものではありません。うがった見方をすると、1社だけでは生活していくのに必要な賃金を賄いきれなくなってきたとも言えます。ある企業では、それまでコ

ンスタントに月に7万円程度の時間外勤務手当や休日出勤手当が支払われていた社員が、景気の悪化とともにこれらの手当がほとんどゼロになり、3人の子供を抱え、土・日に近くのスーパーで車の誘導係のアルバイトを始めたということがありました。

　ここで注意しなくてはいけないのは、会社責任から自己責任への転換が始まったということです。いわゆる「ダブルワーク」というのもいろいろな形態が発生してくると思われますが、時間外勤務の管理も含めて、どのような法的な整備を行ったとしても、とても自社以外の勤務管理についてまで責任を持つということは現実的ではありません。そもそもですが、社員にとっても、メインで勤務する会社側からサブの会社勤務のことで管理されたくないという心理が働くのは当然です。

(5) 働く場所の柔軟化

　「勤務場所」という概念も大きく変わってきているのは間違いありません。

　最近、在宅勤務制度についての相談が増えてきました。情報管理の面や勤怠管理のあり方など、まだ解決すべきさまざまな課題があって試行錯誤の段階が続くと予想されますが、育児、介護及び日本特有の通勤事情などからも、限定的ではありながら広まっていくことが想定されます。

　これに呼応するように、モバイル化が進むなかで、喫茶店でノートパソコンを開いているビジネスマン・ウーマンを多く見かけるようになってきています。これを「ノマドワーカー」と呼んでいるようです。新幹線内や飛行場、飛行機内でも同様です。会議のあり方も変わってきました。次回のコンサルティングは、地方事業所のスタッフにも参加してもらってテレビ会議でやりましょう、ということもたびたびあります。

　家族も巻きこんだプライベートの問題に直結する、住居の移転を伴う転勤については昔よりも大きな問題になってきています。これを受けてからか、長期出張に近い3か月間ないし6か月間の期間に限定したうえで、または希望する期間についてのみ、異なる事業所への応援という名目で異動させるということも行われています。また、海外赴任の場合は、家族一緒に帯同して転勤というのが以前は常識となっていましたが、最近では東南アジアなどについては単身赴任を認め、期間も短くするなど

の配慮もされてきているようです。

(6) 働く時間の柔軟化

　在宅勤務制度の関心の高まりと並行して、働く時間帯についても変わってきています。変形労働時間制やフレックスタイム制については以前から見受けられましたが、より柔軟に大胆になってきています。例えば、若い時期に一定の期間に限定してですが、賃金の大幅なアップを条件に、休日や深夜の勤務の専任にしたりすることなどがサービス業などでは行われています。

3 ┃ 働く側からみて賃金とは何か

　では、あらためて働く側からみての賃金とは何なのか、考えてみましょう。

① 　日々の生活資金（生計費）として
　　まずは生活していくために必要な資金ということは言うまでもありません。ただし、これは家庭のなかで1人の男性（大黒柱）が稼いで家計を支えるという時代ではありません。生涯独身者も増えるなか、まずは本人、それと扶養の対象となる子供の生活を支える資金を確保しなければなりません。しかも子供の数は大きく減ってきている一方で、大学や大学院など高学歴化とあわせて学費の高騰については家計にとって大変重い負担になってきていることに目を向けないわけにはいきません。
② 　仕事と成果の見返り（労働の対価）として
　　公平で公正な賃金ということで、賞与も含めて業績配分という見方も入ってきます。個々の社員にとっては、心理的な面でやりがいとか働きがいに結びつくものです。
③ 　退職金を含めて老後の公的年金を補う資金として
　　これは健康面を始めとして、キャリアの違いや家族状況も含めて個人差が大きく、なかなか難しい問題です。いずれにしてもこれまでと異なってくるのは、すべて1社で完結させるということが幻想になって

きているということでしょうか。また、これらのことは、公的年金に対する不信感や病気や介護に対するリスクの見方が以前より悲観的になってきたということも背景にあることをみておく必要があります。

　一方の企業の側からみれば、市場競争力を維持しつつ、地場の同業種・職種として適正な賃金水準（労働の市場性）であって、労働分配率などの指標などからみた人件費コスト面からみてかなうことを満たしたうえで成り立つという、双方に複雑にからみ合うなかでの決定が避けられないということでもあります。

4 ガイドライン案をみる

1 | 同一労働同一賃金ガイドライン案

　2016年12月に公表された「同一労働同一賃金ガイドライン案」は、正規か非正規かという雇用形態に関わらない均等・均衡待遇を確保し、同一労働同一賃金の実現に向けて策定するものとなっています。同一労働同一賃金は、いわゆる正規雇用者（フルタイム労働者を中心とした契約期間の定めがない労働者）と非正規雇用者（有期雇用労働者、パートタイム労働者、派遣労働者）の間の不合理な待遇差の解消を目指すものです。

　すなわち、正社員ではないという理由のみによって、賃金だけでなく広く労働条件の面で正社員と差別してはならないと、これまで断片的であったところが今回、総合的に法制化されたということになります。

　ここで言う「均等待遇」とは、雇用の前提としての条件が同じ場合を指します。一方の「均衡待遇」とは、前提条件に違いがあったとしても双方のバランスを考慮して対応することを言います。

2 | 西欧との違い

　よく言われていることですが、ヨーロッパ諸国の法体系や文化、慣習などは日本と大きく異なるものです。今回の法改正にあたって西欧の制度に大きく影響を受けたのは間違いがないようですが、これについては疑問を感じざるを得ません。もちろん参考とすべきところは多々ありますが、西欧と日本とは、雇用の風土や労働環境、労働組合を始めとして労使慣行についても大きく異なります。

3 | これまでの月例賃金を振り返る

(1) 基本給を振り返る

　ガイドライン案の記載のなかから、留意すべき点について具体的に

追ってみましょう。

　月々支給される賃金（月例賃金といいます）のうち、就業規則に従って所定労働時間を勤務した場合に毎月固定的に支払われる賃金を「所定内賃金」といいます（時間外勤務や休日出勤、深夜勤務などの変動する手当は除きます）。

　この所定内賃金は、大きく基本給と諸手当に区分されますが、日本の企業は必ずしも基本給や手当について明確な基準を定め、運用してきたわけではありません。そもそも賃金をどのような考え方のもとでの体系とし、その内容をどうするかについては原則として企業の自由です。

　まず基本給についてみてみましょう。「基本」という名のとおり、所定内賃金の中心として位置づけられるもので重要であることは間違いありません。調査によると、年齢や役職などの階層にもよりますが、本来は所定内賃金の８割ないし９割も占めるものです。とは言うものの基本給は明確な定義が難しいものです。その証拠に、中小企業の賃金規程には、以下のような文言がよく見受けられます。

　　「年齢や経験、職務内容、能力などによって総合的に決定する。」

　これを賃金用語で「総合決定方式」と呼んでいます。

　一方の手当をみると、あくまでも基本給を補完する性格のものですが、支給すべき基準と金額を決定して、支給対象者と支給期間も限定して支給する賃金部分ということになります。この結果、所定内賃金をみると、企業のなかには数は少ないものの、通勤手当なども含めて手当のない基本給のみとしている場合があります。

　これをみても分かるように、基本給と手当を別にとらえ、現行の手当だけを正社員と非正規社員とで比較してもほとんど意味がありません。正社員だけに支給されている手当が多いのは事実ですが、なかには精皆勤手当など非正規社員だけに支給している企業などもあったりします。これは言うまでもないことですが、非正規社員だけにメリットを与えているのではなく、本来は基本給部分であるところを、その一部を精皆勤手当として所定内賃金の内訳として回しているに過ぎないということです。

　では、今回の法改正にあたってどのように対応すればよいのでしょうか。結論から言うと、体系全体からみて比較できるようにあらためて全

体から組み直すしかありません。手当だけを見直すにはとどまらないという理由がここにあります。

　そのためにもまず行うべきことは、手当をどのように再設計するかということです。言い換えると、月々の賃金総額から手当を除いたものが基本給原資、基本給相当額になるものです。

（2）手当を振り返る

①　加給など

　加給というのは、毎年の昇給時に、ベースアップ相当分として基本給額とは区分して暫定的に支給するものと、これにも関連しますが、もう１つは退職金の算定基礎額から除外するためのいわゆる「第二基本給」として位置づけられたものなどがあります。これらの性格から正社員のみを対象としてきた企業が多いものと思われます。

②　家族手当

　家族手当は、戦後、家族の人数が多かったときに、年功的な賃金制度のなかで、若くして結婚した男性社員に対して生活給を補填するねらいで中小企業も含めて多くの企業で採り入れられてきたものです。これをみても、正社員のみ、しかも昔は正社員の男性のみに限定して支給してきた企業が多かったです。また対象者も、配偶者（妻）を中心に、子供と両親などの同居の扶養親族といったように対象範囲も広かったものです。

　最近では、妻を配偶者に変え、次に配偶者を所得税法上の扶養対象者に限定し、そして配偶者を家族手当の対象そのものから除外するなどの動きもあります。さらに、小世帯化と高齢化を反映して両親を対象から除外するとともに、一方では、少子化からこれまで子供２人までとしていたところを３人目以降にも拡大させるとともに、金額も３人目以上に対して増額するなどの企業も出てきています。子供の対象年齢も、これまでは高卒年齢の18歳までとしていたところが、高学歴化と学費の高騰を反映して22歳までとする企業も増えてきています。

　また、家族手当は仕事とはまったく別の属人的理由で支給されることから、外資系企業やIT関連を始めとした新興企業、女性が活躍する

企業などでは設けない企業も珍しくはありません。

　なお、支給している企業も、もともとの趣旨から幹部候補育成を前提とした長期的雇用の正社員のみに限定した企業がほとんどであると思われます。

③　住宅手当

　住宅手当は、家族手当と同様に生活補填手当の代表であり、住居に関する費用の一部を補填するのがねらいです。扶養家族の状況、自分の持ち家か親元からの通勤かの違い、地域差なども考慮して設定されています。なかには、この手当でアパート代にはおぼつかないと不満を持つ社員もいますが、これは間違いです。実際にかかる費用の一部のみを補填する趣旨で設けられたものです。

　また、住宅手当のもう1つの側面は、住居の移転を伴う転勤者の社宅の個人負担とのバランスをとる意味合いがあります。

　いずれにせよ、住宅手当は、本来は基本給として支給すべきところを、上記のことから住居の移転を伴う正社員に対してのみ支給してきた手当であり、バランスを考慮して基本給から分離させて手当として確立させてきたと言えます。

④　精皆勤手当

　精皆勤手当は、とくに製造業などラインで動く業務に対して、1人でも欠けると損失の大きい職場で多く見受けられました。見方を変えると、精勤・皆勤率が高ければ精皆勤手当はなくても問題はないということで、事実、発展的に基本給に統合した企業も少なくありません。製造部門において精皆勤手当がないのは先進的企業の証という見方もあるくらいです。

　以上のことから、正社員には精皆勤手当はないが、非正規の社員に限って支給されている企業もなかには見受けられます。すなわち、本来は基本給であるものの一部が手当に回っていると解釈すべきでしょう。

　なお、時間外勤務手当等の算定基礎額には、精皆勤手当も含める必要があります。

⑤　食事手当

　食事手当（とくに昼食に対する手当）の成り立ちから追ってみてい

きましょう、日本の製造業を中心とした黄金期をみると、もちろん一定の規模以上にはなりますが、会社に食堂を設け社員の多くがそこで安く昼食などをとることができました。会社もこういった福利厚生に力を入れていました。

　ただし、営業職など外回りが中心の業務では、なかなかこの便宜を受けることができません。また企業が発展して、本社以外に支店や営業所などを展開するようになってくると、小さな事業所で食堂などの施設を設けることは難しくなり、そこで労働条件のギャップが発生することになります。その結果、食堂などの便宜を受けることができない社員に対して、これに代わる例えば「1食あたりいくら」かの基準で食事手当を支給することになったというわけです。しかし、本社や主たる工場でも、業者を入れて食事を提供するということがだんだん厳しくなってきた現状では、食事手当だけが残ったという企業もなかにあります。このように、それぞれの手当の歴史を振り返ってみることもあらためて必要です。

⑥　通勤手当

　通勤手当は実費弁償的な色彩がきわめて強い手当です。いわゆる総合職採用の場合には、もともとは一生抱える（一生企業に奉公する）ということから、通勤手当の支給は当然に考えられてきました。最近では、一定の役職以上に限定してですが、新幹線通勤を認める企業も増えてきています。

　一方のとくにパート社員を中心とした非正規社員に対しては、それぞれの業務にもよりますが、募集のときから、通勤手当がかからない徒歩や自転車などでの通勤を前提とした近隣にすむ主婦などにターゲットを絞って採用してきた企業が多かったと言えます。このことは採用戦略上当然なことであり、会社側も労働者側も職住近接であることに越したことがないと考えてきたわけです。当然ながら、企業としては通勤費もコストとして換算してみています。

　ただし、このような前提で採用したパート社員が自己の都合で転居した場合にはどうでしょうか。新たな問題も発生するところで、パート社員相互のバランスをみる必要もあり、簡単にはいかないことに注

第Ⅰ編　同一労働同一賃金に向けて

意する必要があります。

⑦　地域手当

　　地域手当は、生活補助手当の一種であり、居住する地域の物価水準の格差に注目し、物価が高い地域に対して一定の額または率で加算することが行われています。これに類するものには、物価手当や寒冷地手当などがあり、また住宅手当や通勤手当とも関連してくるものです。

　　一般的には地域を越えた異動を前提とした正社員のみに限定して支給されています。

3 ｜ 賞与を振り返る

　今回の法改正では、手当と賞与を一緒にとらえていますが、これは誤りです。労働組合を始め公務員などは、「賞与」「ボーナス」とはあえて言わずに「一時金」や「手当」などと呼んできましたが、一般的な夏と冬に支給されるいわゆる賞与と毎月の諸手当とは異なるものです。

　正確に言うと、賞与は、毎月の賃金以外に年に3回まで特別に支給されるものを言います。賞与は法律で義務づけられたものではありませんが、多くの企業で年に2回支給されていることは言うまでもありません。これとは別に期の業績が予想以上であった場合には、決算賞与を特別に支給することも行われています。

　賞与の性格からみると、月々の賃金の後払い的な要素と、業績によって利益の一部を従業員に還元するという双方の目的が組み込まれています。

　なお、これにも関連することですが、年俸制も含めて考えておく必要があります。年俸制とは月々の賃金の後払い的な部分も含めて年間の賃金を決める方式です。業績による加算部分を別途考慮する方式が日本型年俸制（準年俸制）、その年次の年俸をすべて決定する方式が完全年俸制となります。

　年俸制の内容にもよりますが、通勤手当など一部を除いて家族手当や住宅手当などの生活補助手当も含めて決定するのが一般的です。これは手当の部分を組み込んだうえで、しかも高い水準に設定しているからです。したがって、年俸制社員は家族手当を支給されないからと言って差

22

別されているとみる人はいません。

　今回の法改正にあたり、年俸制も月給制も時間給制もいったん白紙に戻して、原点から比較できるようにまた当事者に説明できるように整備していかなくてはならなくなったとも言えます。

　一方で、正社員と非正規社員とを区分し、非正規社員に対しては賞与をいわゆる「寸志」にとどめてこれを差別の隠れみのにしてきたのも事実です。差別感が発生する源になっていることは大きな問題であり、早急な見直しが必要です。

4 ┃ 福利厚生を振り返る

（1）食堂とパブ

　昼食時の食堂の利用を正社員だけに限定している企業を私はこれまで聞いたことがありません。

　企業は法改正あるなし以前に世の中の動きに敏感であり、この人手不足の時代、福利厚生制度の改善を図ってきた企業も多いのではないでしょうか。とくに扶養家族としての範囲内で収入を納めようとする主婦パートに対して報いるために、賃金アップの代わりとして食堂や休憩施設を改善したり、これまでの1泊2日の社員旅行を日帰りのバスツアーへと変更したり工夫を凝らす企業をみてきました。

　また、食堂の活用については、昼食時だけでなく終業後にパブとして活用している企業もあります。なかにはその利用の対象者を一定の役職者以上とし、もしくは役職者の同席の場合には一般の社員の利用も認めてきたところもあります。このような企業については、利用基準の見直しが求められるところも出てくるのではないでしょうか。このように、これまでは当然にように区分されていた基準を再度チェックする必要も出てきそうです。

（2）寮・社宅

　一般的に非正規社員、とくにパート社員に社宅を利用させる企業はきわめてレアケースでしょう。一方では、とくにサービス業や流通業におい

第Ⅰ編　同一労働同一賃金に向けて

て、この採用難の時代を反映して、シングルマザーの非正規社員、パート社員に対して、応募しやすいように、借り上げの寮や社宅を用意したり、条件を改善したりした企業もあるようです。

5 改革に向けての基本スタンス

　同一労働同一賃金に向けて、これからは、グレーななかでの薄氷を踏むような人事マネジメントが避けられなくなりました。と言うのも、完璧なホワイト企業であれば経営が成り立たず、すべてがインターネットにつながる時代、ブラック企業であればあっという間に社会から抹消されてしまいかねない危うい対応を常に迫られるのではないかという懸念がぬぐえません。

　では、このような時代、改革をどのように進めていけばよいのでしょうか。

1 机上の理論からの脱却

　今回のガイドライン案を読んで感じるのは、机上の理論から抜け切れていないところが多く見受けられるところです。今後の運用にあたっては、判例の積み重ねや都度の行政通達などから少しずつ具体化されていくということですが、正直のところ考えあぐねています。

　我々コンサルタントは、実際の人事の現場で1歩進んで次に2歩下がり、次に1歩、2歩進んでいくような感覚で助言や指導を行っていかざるを得ません。これは、人事賃金制度改革を進めていくにあたってのリスクにどう向き合うか、というリスクマネジメントの問題にもなってきます。

2 現場視点からの再設計

　やはり、日々の実務に沿って考えていく必要があります。私は実践的な人事コンサルタントの立場から以下のように考えています。

　それは、労務問題の根源にあるのは、"差別感"にあるということです。ほとんどのクレームやトラブルはここから始まっています。「自分はこれだけ頑張っているのになぜ報われないのか」という切実な思いです。実

第Ⅰ編　同一労働同一賃金に向けて

際には、客観的にみて不当に差別されているかということと必ずしもイコールではありません。例えば、社員の側に立った説明が十分になされていないなどといったコミュニケーションのあり方に問題がある場合も多いと思います。制度としての問題はないが、評価を始めとして運用面で問題がある場合も多く見受けられます。これに対して会社がどのように説明し、納得を得てさらに動機づけを行っていくかということが、これまで以上に問われることになるのは間違いありません。

3 "差別感"をなくす

① 同一企業同一枠内での社員どうしの差別感

差別感は、どのような場合に発生するのでしょうか。

まずは同一企業内での同じ条件で採用された正社員どうし、非正社員どうし内の差別感が真っ先に来るものではないかと思います。すなわち、「同じ採用基準（試験）をクリアしたのに」という前提から来るものです。「同じ時期に新卒社員として採用されているのに」という感情から来るものです。これは、評価制度や昇格昇進、ローテーション、登用制度など人事諸制度そのものにかかってくる問題にもなります。大企業などでは客観的で公平、公正な人事制度を心がけてきているとは思われますが、中小企業となると、必ずしも十分とは言えません。さらに苦情処理や評価のフィードバックのあり方など、運用のあり方の問題にもなってきます。

② 子会社社員の親会社社員に対する被差別感

次に、資本関係にあるグループ企業内での差別感という問題があります。親会社から子会社への出向、またそれほど多くはありませんが、逆出向という形態でも行われており、言うまでもなく日常的に緊密に接しているだけに発生しやすい土壌にあると感じます。筆者も某企業グループの親会社の社員及びこれとは別の企業グループのプロパー社員（関連子会社の社員）双方の経験がありますので、プロパーという言葉1つをとっても差別意識の温床になっていることは身をもって理解しているつもりです。

26

親会社サイドからすれば、「親会社に依存して受け身で自主性に乏しい」などの声が、一方の子会社サイドからは、「親会社に仕切られ、提案しても却下されて発展性が感じられない」などのネガティブな声が、双方から聞こえてきます。

お互いに気配りや気兼ねはけっこう行われています。例えば、出向者は出向元の親会社から賃金を支給されるケースが多いのですが、明細については子会社の袋に入れて渡しているなどの話を聞いたりします。とは言うものの、それぞれに分かれての飲み会などでは日頃の鬱屈を晴らす場となっているようです。

言うまでもないことですが、グループ企業とは言っても別の法人格であるわけですから、賃金水準を始めとして労働条件が異なるのは当然です。人件費コストなど別会社化の目的そのものになっているということもあります。しかしながら、親会社に憧れ、親会社のネームバリューに釣られて就職氷河期にグループの子会社へ就職を決めたという優秀な若者もいたりして事情は複雑です。

③　女性社員の男性社員に対する被差別感

また立場を変えてみると、男女間の差別意識というのもいまだによく聞きます。男女雇用機会均等法が何度も改正され、表向き制度上では解消されてきてはいるものの、昇進や評価などの運用面で女性社員に対する差別は続いているとの見方が根強くあります。男性社員側からすれば、女性社員に限って残業の拒否があるとか、有給休暇の取得が女性の方が甘くなっており、実質的には昔も今も男性の負荷が重いことには変わらないとの声もあります。

④　非正規社員からみた正社員との差別感

次に同一企業における契約社員の問題があります。とくに雇用状況が厳しい年次における採用の場合などによく見受けられたことですが、今でも中途採用にあたっては、最初は契約社員として雇用契約を締結するという企業があります。この場合、本来であれば１、２年経過して正社員に登用するという前提での採用となっている場合が多いのですが、口約束で就業規則や労働条件通知書にその旨の記載がないので、あいまいなまま契約社員の状態が続くということも聞くところです。

第Ⅰ編　同一労働同一賃金に向けて

　また、2012年の労働契約法の改正で、有期契約の社員が、1回以上の更新を行って5年経過すれば無期契約へ転換する権利が認められるようになりました。この場合、いわゆる正社員登用とは処遇などの労働条件が異なる新たな非正規雇用のグループが発生したという冷めた見方もあります。まだ始まったばかりですが、今後どのように運用されていくのか見守っていく必要があります。

⑤　パート社員のフルタイム社員に対する被差別感

　最後にパート社員についてです。言うまでもないことですが、パートタイム労働者（パート社員）とは、一般の従業員よりも1日ないし1週間あたりの勤務時間が短い従業員を指します。勤務時間や担当する業務にもよりますが、パート社員から自分は差別されているという話は、実のところ私はあまり聞いたことがありません。と言うのも、フルタイムでは勤務できない理由があって本人がパートタイム労働を選択している場合が多いからです（ただし、これを不本意とする従業員がいることも事実です）。

　一方の企業からすれば、フルタイムかパートタイムかの違いのみならず残業（ときに休日出勤）が可能かどうかについても大きな人事課題です。そもそもですが、一部の企業を除いて正社員について人数的に余裕がある企業は少ないと思われます。多くの企業では、正社員の人的パワーを補完するのが契約社員やパート社員であって、パート社員は多少の余裕を持った数で管理するものとして使い分けているのが現状です。

　ここで問題となるのが、フルタイムパート（いわゆる疑似パート）の問題です。フルタイムの場合はそもそも「パート」と呼んでいること自体がおかしいのですが、正社員が月給制であるのに対して、賃金を時給で決める社員に対して「パート」として区分している企業が今でも少なからず見受けられるところです。

　真っ先に見直すべきはこのフルタイムパートであったはずなのですが、これまで、パートタイム労働法を始めとして直接対応する法律も十分ではありませんでした。非常に奇異に感じるところです。今回の法改正でここにメスが入れられたのは当然だと思います。

　　　　　　　　　　　　　　　　　　　　5　改革に向けての基本スタンス

　パート社員に対してアンケートなどによって意識調査を行い、要望
を聞くこともありますが、フルタイムに変わりたいという人はそれほ
ど多くはありません。あるとすれば、キャリアライフの転換期にさし
かかった場合です。子供が中学生になって手が少し空いてきて、また
高校、大学への進学を前にもっと収入をアップさせたいと考える主婦
などからは聞こえてくるところです。

　以上ですが、誰がいつどこでどのようなことをきっかけに、差別意識
を持つようになったかということを、制度改革を進めていく前にしっか
りととらえたうえで、これを解消していくための具体策を検討していく
必要があると考えます。

29

第Ⅰ編　同一労働同一賃金に向けて

6　これからどう変わるか？

1 ｜ 体系全体からの見直しが避けられない

　今回の法改正に対応していくためには、多くの中小企業にとって部分的な見直しにとどまりません。単に対症療法的な対応で問題が解決するものではないのです。現在の正社員、契約社員、定年後の再雇用者、パート社員、派遣社員などの既存の枠組みを超え、外注化なども含めて総合的に見直す覚悟が求められます。もちろん、改革は短期間で終えられるものではなく、これを下ろして3か年計画、さらに年度計画に導いていく必要があります。そのうえで自社にとってどのような人事体系が望ましいのか、あらためてビジョンから人材像を描いてみる必要があるでしょう。

　また一方では、これと逆のことを言うようですが、改正法（短時間・有期雇用労働法）が施行される2020年4月（中小企業について2021年4月）までにどこまで見直すべきなのか、双方向からの見方が必要になってくると思われます。

2 ｜ 人と仕事の双方の基準と、そのバランスが問われる

　同一労働同一賃金に向けて、人事の基本となる物差しが必ずしも"ヒト；人"基準から"仕事；職務"基準へと置き変わるというわけではありません。賃金で言うならば、必ずしも職能給から職務給へ変えなければならないということではありません。

　このことをイメージで伝えるならば、これまでの何となく"ヒト；人"中心にとらえていたところを、客観的な"仕事"の方にもしっかりと焦点を当てて、しかもキャリアステージにおけるそのバランスのあり方について配慮せざるを得なくなったというところでしょう。

※短時間・有期雇用労働法……短時間労働者及び有期雇用労働者の雇用管理の改善等に関する法律（正式名）

3 ┃ 正社員の平均賃金が下がっていく

今回のガイドライン案をみると、正社員という言葉をなくすということがうたわれています。これまでの非正規の社員にとって賃金等の労働条件が向上するのは当然ですが、現在の正社員からみれば、賃金が下がる（正確に言うと、賃金モデルを描いた場合に、これまでと同様には今後賃金が上がっていかない）ことも想定されるところです。分かりやすく言うと、例えば現在30歳の社員が20年後に、現在50歳の社員の賃金水準には到達しなくなるということです。専門用語で言うと、既得権を損なうことは避けるものの、期待権については実質的に条件を引き下げるということになります。

実はこのことは、これまで多くの企業で行われてきた能力主義、成果主義改革において目新しいものではありません。この際、賃金制度の改革にあたっては、いわゆる激変緩和措置も考えていかなくてはなりません。今回の見直しはかなり大きな見直しになってくるので、3年、5年の中期的スパンで対応し、調整措置をとらざるを得なくなることが想定されるところです。

このことは、減額となり得る社員に対しては減額していくために余裕を持った期間をかける一方で、本来上げるべき社員に対しては、「待った」をかける状況になるということにもなります。その際のモチベーションをどう維持、向上させていくかがまさに人事マネジメントにもかかってきます。

4 ┃ 雇用エイジレスに近づく

現在、60歳定年の企業がまだ多いですが、徐々に定年を延長する企業が増えてきています。定年が65歳以上となるのもそう先のことではないかも知れません。

ご承知のように高年齢者雇用安定法の改正により、再雇用であったとしても既に65歳までの雇用が保障されているために、実質それほど変わることはないのではないかと思われるかも知れませんが、仮に定年が60

歳から65歳へと延びた場合、社員の身分が変わらないこともあって、賃金について制度のみならず運用基準を明確に定めるとともに、説明責任がこれまで以上に問われることは間違いありません。

これよりも増して影響があるのは、67歳ないし70歳定年、さらには定年制度の廃止など、健康で意欲があれば一生働き続けるという時代もそれほど先ではないということです。アメリカでは年齢による区分は法律で禁止されていますが、日本でもこれに一歩一歩近づいていくことになるでしょう。

となれば、賃金体系をどのように設計するべきか、これが大きな見直しのポイントになります。すでに65歳までの雇用延長において、50歳代からの体系の見直しを進めている企業も少なからずありますが、さらにモデル賃金の引き直しを余儀なくされることになります。役職定年制度については、中堅規模以上の多くの企業で導入されていますが、役職任期制度も含めて、さらなる大胆な見直しが必要になってくることも想定されます。

5 ┃ 新たな動機づけ策が問われる〜やる気からの成績向上に向けて

既に述べたように、これからの雇用のあり方とは、会社は多くの働き方を用意し、社員はこれをその時々のジョブ＆ライフのステージにおいて選択していくという形になっていきます。

副業や兼業が当たり前になってくる時代です。半分正社員で半分が契約社員、半分雇用で半分が業務委託、半分雇用で半分がボランティア活動とさまざまに発生してくるでしょう。

雇用形態が複雑多様化するなかで、企業は新たな規制を課せられるとともに、一方の働く側からすれば自己管理を余儀なくされることになってきます。その隙間と矛盾をどう埋めるかで、これまで考えられなかったような新たな労務問題が発生することにもなるでしょう。

賃金・報酬についても多様化していきます。一言で言うとインプットやプロセスよりも成果による報酬のウエイトが高くなっていくことが想定されるところですが、ハイリスクハイリターン型とローリスクローリ

ターン型、折衷型について、これらがステージごとに移り変わり、また新たに組み合わせていくということにもなりそうです。賃金を高くすればやる気になるという単純なものではなく、働き方やリスクとの関連などもあっていっそう複雑化してくるに違いありません。これまでの延長ではない、新たなモチベーション策を工夫し、他社との競争を意識しつつさらに成果の拡大に導いていくための検討が次々に求められることになります。

6 ┃ 人事マネジメント力の強化の必要性

　ご承知のように人事管理では法律が毎年いくつも見直され、大変煩雑になってきています。就業規則の見直しにとどまらず、従業員への説明や、周知徹底、運用管理などで人事労務担当者は、相当の負担を抱えてきています。

　事実、人事担当者が十分に勉強したり、資料を調べたり、他社の動向を確認したりといった、本来有用で必要な余裕がなくなってきていることを目の当たりにします。その企業独自の業務改善、人事マネジメントがおろそかになってきているのではないかと危惧しています。

第Ⅰ編　同一労働同一賃金に向けて

7 労働時間管理の行方
～時間で管理するマネジメントからの脱却

1 労働時間管理を振り返る

　仕事を時間という尺度で管理することの疑義は、ようやく最近になって議論の的になっていますが、時間で測ることができない仕事が増加してきているという現状を前提としてあらためて考えておく必要があると思います。

　考えてみると、明治時代まで日本の産業の中心となっていた農林水産業は言うまでもなく、商家であっても労働時間という概念は薄いものでした。労働時間という概念がはっきりしてきたのは、近代になってから、とくに大正時代の工場法施行あたりからです。それまではサラリーマンとかOLという概念自体もありませんでした。

　工場での生産活動においては、当然ながら機械が動き、それに人が合わせていく必要があります。もちろん、労働時間で一定の制限を設けることは安全衛生管理面からみても重要な課題です。労働時間を中心とした最低限のルールを作り、労働者を保護しなくては近代化が進まないという、当時における大きな命題がありました。考えてみると、工場の機械に沿った労働と、営業、販売、サービス、事務などは、本来別の見方が必要であるのに対し、工場の労働者の仕事を中心として労働法規が組み立てられてきたさまざまな矛盾がいまだに続いていると言えます。このなかの矛盾の1つが労働時間管理法制にあると言ってよいでしょう。

　一方で、このことと、工場労働にとどまらず過重労働の問題が同じく語られていることについては、疑問を感じます。結論から言えば、過重労働は絶対に避けなければならない問題です。ただし、これが複雑なのは、何をもって、またどこからが過重労働にあてはまるのか、職種、期待される役割や上司と部下の関係を始めとしたマネジメントのあり方に加え、本人の意識はもとより、キャリア開発のステージや肉体的精神的な面でのその時の健康状況などによってさまざまに複合的に関わってきているからです。言うまでもないことですが、社会的にも個々にとって

34

7　労働時間管理の行方 ～時間で管理するマネジメントからの脱却

も大きな問題となっているので、未然に防止することが急務となっています。

2 ┃ 週40時間労働を振り返る

　労働基準法では１日８時間、１週間40時間が前提となっています。この基本時間数が適当なのか、また短いのか、長いのかということですが、人によって、仕事によって違っているとしか言えないところ、一律に決めざるを得ないというところから問題が始まっています。標準的な勤務時間を法律で決めざるを得ないということは分かりますが、いわゆる36協定では、労使の合意という前提がつくものの、特別条項さえ設ければ違法とはならずに実質的に青天井となっていました。このことが大きな矛盾となっていたわけです。これについては2018年７月公布の改正労働基準法で見直しがなされたものの、今さらながら、なぜこれまで長きにわたり許されていたのか大いに疑問を感じています。

　うがった見方をすると、国際化による厳しい競争にさらされた結果、労働者１人あたり週40時間で仕事が完結するという基本が既に幻となり、行政もこのことを暗黙に認めざるを得なかったということではないかと思います。

3 ┃ 所定内・法定労働時間について振り返る

　労働時間管理については非常に分かりにくいものです。

　１日８時間労働が前提になっており、また週では40時間となっています。中小企業では数は少ないですが、就業規則で定められた労働時間が１日７時間30分や７時間45分などのところもあります。

　「法定時間外」というとらえ方については、36協定の表記でもそうですが、所定労働時間内の勤務時間を含めて１日、１週間、１か月で計〇時間までという表記が本来ではないでしょうか。重要なのはトータルの実労働時間としてどうかであるはずです。

　そもそもですが、企業によっては週35時間勤務としているのに、なぜこ

35

第Ⅰ編　同一労働同一賃金に向けて

れだけ残業や休日出勤が多いのだと矛盾を感じる人も少なくないでしょう。時代の変化ということももちろんありますが、日本の労働管理のあり方のゆがみを感じる場面も多々あります。

4 ┃ 残業代という"魔物"

　人事制度改革を行うにあたって、時間外勤務に関する割り増し賃金（時間外勤務手当、休日勤務手当や深夜勤務手当）の扱いをどうするかが大きな問題となっています。

　一方では、週に40時間という制限のなかで、外国企業も含めて厳しい競争に打ち勝ち、なおかつ１社で余裕のある生活を送るというのは、既に一部の企業や一部の人を除いて幻想になってきています。

　標準的な家族構成として一家の大黒柱となる男性と専業主婦、子供２人という前提は崩壊してきています。このような時代を背景に、とくに若くて元気なうちは、時間にとらわれず多くの仕事をこなして次のキャリア開発に結びつけるという考え方があるのはむしろ健全ではないでしょうか。最近では、新しいソフトに習熟したり、新たな業務に挑戦したりするために、本来の日常業務が終わってから、おもむろにじっくりやってみようと思っても、残業禁止で帰るしかないという悩みも聞かれます。

　これまで多くの企業で時間管理の悩みについての相談を受けてきました。意外なところでは、実は時間外勤務、休日勤務、深夜勤務を希望する社員が実に多いということです。例えば、工場の技能職での例ですが、リーダーシップを評価され、職長の昇進候補に挙がったものの、本人が昇進を固辞するのです。聞くところによれば、職長に昇進すると一定の職長手当は付加されるものの、深夜勤務からは解放されることになるとのことでした。深夜勤務の場合には、時間外割増とのダブルとなり、計５割増し以上の手当が支給されることになります。全員とは言えませんが、この割り増しに魅力を感じる社員は予想以上に多いです。

　割り増し賃金を含めて生活給の一部になってきた現実を避けては通れません。見方を変えると、割り増し賃金のことがあるので、基本給の昇給が必要以上に抑えられてきたという過去からのいびつな賃金管理の実

態を目の当たりにすることとなります。増員をせずに少ない人数で繁忙時期を中心に残業や休日出勤でカバーしてきたつけが回った、ということに他なりません。このような企業で働く人のなかには、景況の悪化で残業がほぼゼロになり、それまでの生活水準を維持できなくなったために、週末にスーパーの駐車場整備の仕事に就いていたという例もありました。

5 ┃ 過重労働をなくすために

今般の法改正の最重要課題の1つが過重労働を防止することにあることは間違いないでしょう。健康を保持したうえでのことですが、働く場所、働く時間、その他もろもろの働き方について本人の選択も含めたより柔軟な改革が求められています。

(1) 勤務間インターバル制度の導入

今回の法改正のなかで、残念ながら努力義務にとどまってはいますが、最も効果が期待されているのが、勤務間インターバル制度です。

勤務間インターバルとは、勤務の終了後に一定時間以上の「休息期間」を設けることで、社員の生活時間や睡眠時間を確保しようとするもので、西欧では広く採り入れられています。

(2) 有給休暇取得に向けた改善

休暇のあり方についても、より柔軟性を持って考えていく必要が出てきています。社員へのインタビューを実施したときに会社に対する要望として多く挙げられるのは、有給休暇をより取得しやすいようにということです。

小学校までの子供を抱える社員からは、有給休暇の半日取得や時間単位取得についての要望を聞きます。これは、比較的導入しやすい施策だと言えるでしょう。

さらに社員からは、有給休暇の取得率を高めることや、これにも関連して少し長めの休暇についての要望もあります。休むと周囲に迷惑をか

けるとか、自分がこなすしかないので休暇の後で大変になるから、とも
よく聞くところですが、これはその業務の担当者が1人であるところを、
補佐も含めて複数体制とするといった工夫によって、ある程度実行可能
です。むしろ、会社としてその気があるかどうかにかかっていると言え
るでしょう。欧米でよく言われる何週間もの長期休暇というのは夢のま
た夢かも知れませんが、お盆休みや正月休み以外にも年に2回くらいは、
連続して5日くらいの休日または有給休暇を導入すべきです。

　また、日本は、世界的にみても祝日は多いようですが、月曜日を中心に
祝日の数だけ増やしても効果は感じられません。休暇については、分散さ
せて取得できる方向で見直していく必要があるのではないでしょうか。

(3) ユニークで新たなリフレッシュ休暇の導入

　休暇の持つ意味も変わってきています。残念ながら、経済的観点から
みても日本人に新たな趣味を持つほどの余裕が出てきたとはとても思え
ません。むしろ副業や兼業を含めて次のステージに向けて準備をするた
めの余暇という意味合いもあるかと思います。すなわち、自社だけでは
余裕を持って生活していくことは困難なので、時間を提供するので自由
に活用してくださいといったような感じに変わってくることが想定され
るところです。

(4) 個別の健康管理の必要性

　過重労働防止については、個別に健康障害が発生するリスクを早く察
知して、その芽を早いうちに摘み取るということが避けられません。

　これにも関連して、2015年12月から施行されたストレスチェック制度
について注目されているところですが、企業の担当者との話でよく出て
くるのが産業医制度についてです。法律上、労務管理の問題を産業医に
押しつけるようになってきているのではないかと気になるところです。
なかには企業の従業員の健康管理の専門家を標榜している医療機関も現
われているとのことですが、よく聞かれるのは、産業医制度そのものが
形骸化し、会社との接点も少なく、産業医が会社の業務の実態を十分に
把握していないという現状です。もっとも、50人未満の従業員規模の企

業では労働安全衛生法上、努力義務にとどまります。今後は、医師と会社の実態に詳しい外部の専門家との協力関係を強化するとともに、社内では研修などを通じて社員の安全衛生も含めた健康管理の専門家の育成を図っていくことが必要でしょう。

　運送業界では、深夜などに大きなバスの事故が続いたこともあって、運転者に対しては、毎日の点呼の際に健康確認が厳格に行われるようになっています。最近では睡眠不足時には乗務が禁止されるようになったとのことです。一般の社員にも、自主申告とあわせてこのような毎日のチェック体制が必要だと思います。

第Ⅰ編　同一労働同一賃金に向けて

第Ⅱ編に向けて

　既に述べたところですが、同一労働同一賃金に向けて、決して部分的または対症療法的に解決できて終わるものではありません。ほとんどの企業でトータル人事制度の再構築が避けられません。しかもあまりに広範囲で改革の度合いも大きいので、段階を踏んだステップアップ方式での見直しは避けられないと言えます。

　次の**第Ⅱ編**では、これを実際のコンサルティングの事例からみていきます。筆者の30年の経験を通じて、人事コンサルティングは"生き物"であると感じています。コンサルティングはノウハウの切り売りだと思われる方もおられるかも知れませんが、人事においては、これは誤りです。私自身、日々気づきがあり、これが次につながっていくという創造的な日々を送っています。このような機会を得ることができることに感謝しています。

　まずは、早々に第1段階での改革を行うことから始める必要があります。将来を見据えて方向づけを行い、これをベースとして第2段階の改革に結びつけていくことになります。あわせて、このことは、単に法改正への対応にとどまらず、次の時代の生き残りをかけての会社経営に必須の課題であると考えます。

第II編

実際のトータル人事制度設計
──コンサルティング事例から

第Ⅱ編　実際のトータル人事制度設計——コンサルティング事例から

序章

トータル人事コンサル開始前の相談

■プレコンサルの場

田中課長
（以下
「課長」）　　初めまして、人事課長の田中と申します。先ほど総務部長（取締役）からも話がありましたが、今後、非正規社員の処遇についてどうしたらよいのか検討もつかず、先生にご相談してみた次第です。当社では比較的残業や休日出勤は少ない方ですが、賃金などの人事管理については制度らしい制度もなく、かなり年功的なもので以前より社内でも問題になっていたところです。

コンサルタント
（以下
「コンサル」）　　分かりました。このたび「働き方改革関連法」が成立し、非正規社員の処遇に関する最高裁判決が続き、各社とも大きな混乱が生じています。

課長　　　はい。それでは当社の概要についてまずご説明します。当社は、機械部品の製造卸売業を営んでいます。本社はここ関東ですが、他に事業所としては、工場が名古屋と九州にあります。また全国に営業所が仙台と名古屋と大阪の３か所あります。正社員の数は約150名です。職種としては工場の製造職と技術開発職、営業職、事務職などです。なお、労働組合はありません。

コンサル　　ご相談の非正規の社員についてはいかがでしょうか？

課長　　　はい、正社員とは別に１年契約を中心とした有期契約の時給制のパート社員が約30名います。パート社員の仕事の主な内容としては工場の生産加工及び営業所の事務補助となっています。

コンサル　　就業規則では、正社員は１日８時間勤務の週40時間ですね。パート社員はどうですか？

課長　　　はい、パート社員は基本的には１日７時間の週５日勤務で週35時間ですが、実はパート社員のなかで正社員と同じく１日８

42

時間勤務する者も10名います。

コンサル　その方々はフルタイム勤務なので正確にはパートタイマーではなく、一般的には期間の定めのある契約社員ということですね。このような形態を"疑似パート"と呼んでいます。

課長　確かにそうですね。さらにこの10名のうち元正社員で定年の60歳になって再雇用となった者が4名ほどいます。

コンサル　なるほど分かりました。今回成立した「働き方改革関連法」のなかでも労働時間管理に注目が集まっていますが、人事賃金制度も含めて広く検討をされようとしているのは大事なことだと思います。

課長　社長を始めとして役員は「同一労働同一賃金」について気にしています。

コンサル　ご承知のように大企業では2020年4月から、貴社のように中小企業では2021年4月から施行されることが決まっています。実は具体的にどのようにしていけばよいのか決めかねている企業が多いのです。今後の法律などのさらなる見直し、判例、大企業の事例、行政指導などこれまで以上にアンテナを張って世の中の動きに敏感になっていかなくてはなりませんね。もちろん、パート社員など非正規社員の関心がどこにあるのか、面談などを通じて把握しておくことは言うまでもありません。

　　そのようななかで、現時点で実行していくべきことを整理しておく必要があります。

課長　いったい何から手を付けてよいかも分からないというのが本音です。

コンサル　まず貴社で言われる正社員と契約期間の定めのある非正規社員についての定義づけから行ってみましょう。

課長　あらためて正社員と言われてもけっこう難しいですね。

■正社員とは

コンサル　はい、そうかも知れません。定年を除いて契約期間がそもそも定められていないというのが基本ですが、それ以外に何か気

づくことはありますか?

課長 　当然ですが、会社の中核を担う人材ということです。さらに、正社員には本来はきちんと人事制度があって運用されるものであり、長い期間にわたって能力を開発し育成していくものですね。

　また、転勤を含む就業場所の変更もあります。異動をみると非正規社員と比べればより広域になるということです。

コンサル 　はい、配置の変更の可能性としてとらえます。賃金は現行ではどうなっているでしょうか?

課長 　正社員は長期雇用を前提としていて、とくに男性社員については年功的な要素も強いです。評価制度といった立派なものではありませんが、査定はもちろん行っており、とくに賞与に反映させています。

コンサル 　今後については、注意が必要です。正社員と非正規社員の処遇の差があいまいなままだと違法となりかねません。

　既に分かっておられるかと思いますが、客観性と合理性、そして納得性があるかどうかをその時々に応じて常にチェックしていく必要があります。

■諸手当の基準を明確に

課長 　今後、賃金についてはどのように見直していけばよいでしょうか?

コンサル 　手当をどうするかが大変重要になります。本来、手当は必要な対象者に対して必要な期間、適正な額を支給するものです。これからは、正社員と非正規社員との間で、個々の手当が直接比較されることになります。とくに皆勤(精皆勤)手当や食事(給食)手当、通勤手当などについて差があるとすれば、合理的な説明ができない限りは不合理とされることになるでしょう。また無事故手当や作業手当など直接仕事に関係する手当も正社員のみ支給するとなっていれば不合理と認められることになります。

課長 　住宅手当などはどうでしょうか?

コンサル　微妙なところですが、「正社員には住居の移転を伴う転勤があるから」という明快な理由により支給するのであれば合理性が説明できますが、可能性のほとんどない正社員に対してまで支給しているのであれば、なぜ非正規社員に対して支給しないのか、説明としては難しいという見方は当然出てくるでしょう。いずれにせよ、他の手当などの関連も含めて個々の手当をどうするかについては、真っ先に整備しなくてはならない課題となります。だいたい手当があるかないかというのは目立ちますしね。

■基本給
課長　　基本給についてはどうでしょうか?

コンサル　一言で言うと、必要な手当を先に決め、これを除くその他の主要な部分として、場合によっては全面的な見直しを進めていくしかありません。したがって、現実的には手当は明確になっても、基本給の方には当面あいまいさが残るというパラドックスに陥ります。

課長　　なるほど、その点は腑に落ちないところがありますね。そもそも基本給とはどのように考えていくべきものなのでしょうか?

コンサル　はい、言うまでもないことですが、賃金の基本となるものであり、若年者か、管理職などベテランかによってかなり違うのは当然ですが、時間外勤務手当などの変動手当を除いて8割ないし9割を占めるものです。ただし、これから注意していかないといけないことがあります。

課長　　それは何ですか?

コンサル　はい、中期的にみれば、やはり賃金の構成要素としての基本給について考え方をあらためて明確にし、昇給の基準を設けて昇給管理をきちんと行っていくということです。これからは、昇給は正社員だけに行うという見方であってはいけません。必ずしも全員に毎年実施しなくてはならないということではありませんが、非正規社員にも昇給基準を設けて評価も踏まえて昇給させていくことです。

第Ⅱ編　実際のトータル人事制度設計──コンサルティング事例から

■賞与は寸志ではだめ

課長　　当社では、非正規社員に対しての賞与は、経験の浅いパート社員の３万円程度からベテランの契約社員に10万円程度の範囲で賞与を支給しています。

コンサル　不十分ですね。一般的によく言われる「寸志」ではだめです。

課長　　どのくらい支給すればよいでしょうか？

コンサル　一言で済ませるのは無責任になりますが、まずは寸志レベルから脱却することです。人件費のことを考えると一律に一気に上げることは難しいという経営者の意見もよく分かりますが、そのためにも契約社員やパート社員に対しても評価制度は欠かせなくなると言えます。

■福利厚生制度についても見直す

コンサル　あとは今後福利厚生制度も押さえておく必要があります。

課長　　当社は中小企業ということもあって、そもそも福利厚生制度などあってないようなもので貧弱です。しかし、これまで非正規社員を差別したことはありません。食堂や休憩室の利用ももちろんそうですが、取扱いには注意はしているつもりです。懇親会や年に１度の旅行についても必ず声をかけていますし、旅行についてはこれまでの１泊２日から主婦パートを意識して日帰りのバスツアーに変えたぐらいです。

コンサル　健康診断はどうでしょうか？

課長　　法律に基づいて行っています。

コンサル　病気の休暇なども含めて、もし正社員が有給休暇扱いであれば基準を設けたうえで同等にすべきです。リフレッシュ休暇などはどうですか？

課長　　正社員は勤務期間に応じて認めていますが、非正規社員は勤続が比較的短いこともあって頭が回っていませんでした。

コンサル　これからは、正規・非正規を問わず、賃金のみならず広く福利厚生制度や教育研修制度など能力開発制度についても他社とは異なるユニークなものとして社員満足感を高めていけるかど

序章　トータル人事コンサル開始前の相談

うかが鍵になってくるでしょう。

■定年後再雇用者

課長　先生、少しずつ分かってきました。契約社員のなかでも以前当社の正社員であった定年後の再雇用者、当社では「嘱託社員」と呼んでいますが、これについてとくに注意することはないでしょうか？

コンサル　はい、基本的には契約社員と同様ですが、定年後の再雇用者に何を期待するのか、担当してもらう仕事の面からあらためて明確にしておく必要があります。

課長　はい、課長などラインの長であった人はラインから外れることになりますが、それ以外の担当業務については、定年前の延長のようなものです。

コンサル　個別の契約書に担当職務についてもきちんと明文化し、同意をとっておくことです。いずれにせよ、会社も対象者本人も、何となくそれまでの延長で、という感覚でいるとすれば不十分です。

課長　それはどういうところでしょうか？

コンサル　定年後の再雇用者は既に退職金を受給し、年齢や賃金にもよりますが、老齢厚生年金や高年齢雇用継続基本給付金なども受給できる権利を持っています。他の非正規社員とは前提が違うということを本人にも説明して理解してもらう必要があります。

課長　恥ずかしいですが、これまであまり意識したこともないです。

コンサル　前後しますが、賃金は定年前と比べてどのくらいですか？

課長　人にもよりますが、ほぼ6割といったところでしょうか。

コンサル　どのような責任ある仕事に就いてどのくらいの質と量が問われるのかによってもちろん異なってきますが、今のままで良いとは言えないですね。

課長　どのくらいの割合とすべきでしょうか？

コンサル　それはもっと難しい質問です。ただ、定年前と比べて仕事の範囲や要求される専門性などの質の面、責任の度合いなどで明

47

第Ⅱ編　実際のトータル人事制度設計──コンサルティング事例から

確に説明することが難しいようであれば、まずは7割、さらにそれ以上を目指すことになってくるかもしれません。

課長　へえ……。

コンサル　いずれにせよ、今後の判例や行政指導、大企業を始めとした他社の動向などから敏感に対応していかざるを得なくなると思います。この機会に個別的かつ具体的に担当する仕事の面から洗い出してみる必要があるでしょう。また、65歳以上の雇用に向けて法改正も検討されており、70歳くらいまでの雇用が実質義務化されるのもそれほど先ではないと思われます。

　ひとつ、手当については、先ほどもお伝えしたとおりですが、例えば営業職で定年前に営業手当など直接仕事にかかる手当が支給されていたのであれば、定年前と同じ基準で支給する必要があります。

　妙なことを言うと思われるかも知れませんが、つまり、基本給部分も含めて割り直していかざるを得ないということです。

課長　経営トップは賃金をコストとしてもみざるを得ないので、どうすれば適応するのか真剣に考えなければなりませんね。

コンサル　定年退職時はもちろんのこと、契約更新時なども真摯に、また腹を割って説明し、理解を得るしかありません。いずれにせよ、賃金制度については、今後こまめに見直しを行っていく必要があります。

課長　分かりました。今後に向けて他にも気をつけなくてはいけないことは何でしょうか？

■説明責任を果たす

コンサル　はい、今後は、もし「正社員にあるのに、有期契約の非正規社員にはないもの」などがあれば、会社側に情報提供とあわせて説明責任が入社時から求められることになります。個々の従業員からの質問にもきちんと答えていくことが必要です。

課長　ということは普段からの報告・連絡・相談などコミュニケーションを密にしながら風通しを良くし、人間関係も今まで以上

48

に気をつけなくてはいけないということですね。

コンサル　そのとおりです。さらに言えば、当の本人が納得するだけでなく、一般的にみても不合理だと思われないよう客観的で合理的な説明ができるように、あらかじめ整理しておく必要があるでしょうね。

■就業規則はそれぞれ別建てにする

コンサル　次に正社員については就業規則が設けられ、監督署に届け出ていますが、きちんと文章にまとめたうえで社員に発表されているので当然注意を払っておられます。これと同様に、パート社員や定年後の嘱託社員などについてもタイプ別にそれぞれ別個の規程を置くことは避けられないというべきです。

課長　　正社員以外には一応パート社員用や嘱託社員用の規程はありますが、これまで見直しもあまりしてきませんでした。

コンサル　内容や運用が異なるのに、「正社員（の就業規則）に準じて〜」のようなあいまいな条項はないでしょうか？　今後に向けて整備していくべきです。仮に正社員と同じ内容であってもそれぞれ独立した条項とし、必要に応じてその都度見直していくべきです。

課長　　分かりました。異なるところは文章でも明確にし、こまめに見直していくようにします。

■中小企業

課長　　先生のご指摘も分かりますが、社歴の長い大企業はともかく、職種も少なく代わりの人員も限られている私たちのような中小企業は、仕事の内容や転勤の有無など配置の変更範囲について変えることは難しいですよね。どうすればよいでしょうか？

コンサル　おっしゃるのはもっともです。確かにガイドライン案をみても大企業を意図したものです。しかし、中小企業は大企業よりも猶予期間が1年長く設けられています。ですから細かいところまで今から心配しても始まりません。

49

第Ⅱ編　実際のトータル人事制度設計——コンサルティング事例から

■基盤からの全社員を対象とした全面的見直しが避けられない

コンサル　大事なことは、非正規社員だけ、賃金の一部を見直して終わりということには決してならないということです。非正規社員の処遇をどうするかということは、その比較対象としての正社員のありようから問われるということです。そもそも今回の70年ぶりの労働法の大改正というのも、正規と非正規という言葉そのものをなくすことを目指したものです。

　　　　　短期的に対応しなくてはならない課題ということからまず説明しましたが、大事なのは正社員を中心としたこれまでの人事賃金制度を、意識改革も含めて基盤から組み立て直していくということです。むしろ根本から大きく変えていかなくてはならないのは正社員の方なのです。

課長　小手先で済むものではないということですね。

コンサル　退職者はもちろんのこと、在職者からもインターネットで「うちの会社はこんな状況です」と一気に拡散される怖い時代です。このことを頭に入れて、ブラック企業のレッテルを貼られないようにアンテナを張って、何か問題があればすぐに対応していくよう注意する必要があります。

　　　　　時間がないようですが、今からしっかりと基本的なことから検討を積み重ねていけば、改革は可能です。ただし、方向をしっかり見据え、一般動向を見極めながら、体系的に、そして計画的に段階を追って進めて行く必要があります。今現在、どの問題についてどの程度リスクが高いのか、どの問題を見直す優先順位が高いのか気づいてください。

　　　　　これまでの人事課長とは違って田中課長も大変だと思いますが、やりがいのある仕事だと思います。一緒に改革を進めていきましょう。

課長　身が引き締まる思いです。どうぞよろしくお願いします。

序章　トータル人事コンサル開始前の相談

図表　コンサルティングスケジュール（例）

検討内容／経過月	1	2	3	4	5	6	7	8	9	10	11	12
1. 現状診断（現状分析〜方向づけ）												
1) 現状分析（インタビュー・資料解析）	↕											
2) 課題整理〜改善の方向づけ		↕										
2. フレームワークの再構築												
1) 複線型など基本人事体系の再検討		↕										
2) 等級及び職掌（職種区分）、管理職制度の設計			↕									
3. 等級基準の策定				↕								
4. 新賃金制度の企画立案〜設計												
1) 新賃金体系の基本案検討			↕									
2) 基本案の具体的検討				↕								
3) 月例給モデルからの検討					↕							
4) 個別移行シミュレーションの実施						↕						
5) 賃金・諸手当表の作成								↕				
6) 賞与制度の概要等の検討									↕			
5. 人事評価制度の企画立案〜設計												
1) 人事評価の基本案のとりまとめ				↕								
2) 目標管理制度（目標・課題チャレンジシート）の検討						↕						
3) 人事評価基準の策定							↕					
4) 関連帳票類の作成											↕	
6. 関連規程類の整備												
1) 条文からの整備											↕	
2) 確認												↕
7. 新人事制度に関する社員説明会の企画、準備、実施												
1) 内容検討、資料作成											↕	
2) 説明会の準備、実施												↕
◆ 制度間相互の最終確認、調整												◆

51

第Ⅱ編　実際のトータル人事制度設計──コンサルティング事例から

第1章

キックオフから現状診断へ

　本章からは、「同一労働同一賃金」を実現するために人事制度の見直しを行うＡ社の田中人事課長とコンサルタントとの対話を通じ、その制度設計・導入の過程をたどりながら、新制度の導入手順やポイントを押さえていきましょう。

■■■ 現状診断【コンサルティング開始１か月目】■■■

コンサル　田中課長は人事担当となって５年ということですね。勉強家で研修なんかもよく参加されているようですが、このような制度設計の経験はありますか？

課長　　はい、手当の見直しなどについては中心になって進めていったことはありますが、制度の見直しは今回初めてです。

コンサル　分かりました。それではできるだけ分かりやすくご説明していきましょう。

課長　　先生、現状診断はどのように進めればよいのですか？

コンサル　はい、人事制度を再構築するにあたって、現状診断は大変重要です。最初に結論ありきではなく、または自社の現在の実情をしっかり把握して、これからどのような方向で見直すべきか、またどのように体制を整え、スケジュールを進めていくのか、その道筋を明らかにしていくことが必要なのです。人事だけでなく経営全般にわたってと言った方がよいでしょうね。とくにこれからの同一労働同一賃金を目指した改革となると、人事におけるさまざまな区分がどうなっているかが重要となります。ただし、注意しなくてはならないのは"区分"というのは"差別"と紙一重であるということです。

課長　　先生、当社の人事の問題は何だと思われますか？

コンサル　問題というのは、これから会社をどのようにしていきたいか、

52

第1章 キックオフから現状診断へ

図表1-1 現状診断の進め方

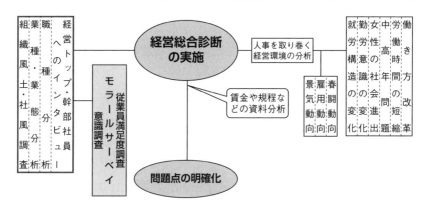

図表1-2 現状分析の意義

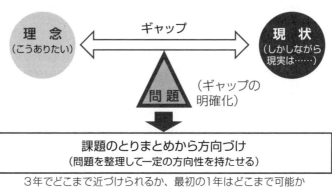

第Ⅱ編　実際のトータル人事制度設計──コンサルティング事例から

　　　　　これと現実とのギャップを言うのです。言わば社長の「熱き想
　　　　　い」にまずは焦点を当てる必要があります。他社がどうだとか、
　　　　　これからの成果主義のあり方はどうあるべきか、もちろんマス
　　　　　コミなどを通じて最近の動向に関する情報を得ることも大事で
　　　　　す。しかしもっと大事なのは、人事に対する将来に向けての理
　　　　　念なのです。これは決して他の会社の真似で良いというもので
　　　　　はありません。

課長　　　なるほど、残念ながら多くの社員が現在の人事制度が公平・
　　　　　公正ではないと思っているようです。社長や役員は、やる気が
　　　　　出る人事制度にしたいと考えています。

コンサル　これを課題としてとりまとめ、方向づけをしっかり行ってい
　　　　　きましょう。中期的にみて例えば3年でどこまで持っていくこ
　　　　　とができるのか、さらに最初の1年でどこまで可能なのかを、
　　　　　より明らかにしていく必要があります。具体的に何をやってい
　　　　　けばいいのか、どういう手順で詰めていっていいのか、ここで
　　　　　初めて明らかになっていくのです。

■社員の意識調査の手順

課長　　　先生、具体的にはどのように進めていけばいいですか？

コンサル　はい、資料の準備ももちろんですが、大事なのは**社員の意識面
　　　　　について客観的に把握する**ことです。社長や役員等経営幹部か
　　　　　ら始め、できれば末端の社員に至るまで意見を聴取します。一
　　　　　般的には個別のインタビュー形式で行います。場合によっては
　　　　　1人あたり1時間以上かけてじっくり聴くこともありますが、
　　　　　だんだん状況が把握できてくると、1人あたり40分ないし50分
　　　　　ぐらいで行うことになります。実はこの意識調査が重要なのは、
　　　　　公平で公正な人事賃金制度として運用されているかを探るため
　　　　　なのです。

課長　　　先生、個別でないといけないのですか？

コンサル　本来は個別ですが、ときにグループでインタビューを行うこ
　　　　　ともあります。私のこれまでの経験では、とくに若い社員など

第1章　キックオフから現状診断へ

　　　　6人ないし8人くらい集まってもらってコンサルタントが問い
　　　かけた課題について順次答えていただくという方法をとったこ
　　　ともあります。他の人の意見に触発されて広く個人では思った
　　　ことがないような発展した意見となるというメリットも期待で
　　　きます。

■診断のための資料

コンサル　現状を診断するための資料として、**図表1-3**のようなものを
　　　　　　集めましょう。全部集めることができない場合であっても心配
　　　　　　する必要はありません。できるものから、揃うものからでいい
　　　　　　のです。制度設計が進むにつれて、このような資料も必要だと
　　　　　　いうことがお分かりいただけるでしょう。

課長　　　分かりました。部長に相談して早く進めていくようにしてい

図表1-3　診断のための資料

(1)	人事関連規程類	就業規則、賃金規程、退職金規程、その他の規程・内規など
(2)	経営理念・経営方針・会社の概要に関する資料	会社業務案内、社史、募集広告など採用に関する資料
(3)	組織や職務内容に関する資料	組織図、人員配置図、各社員に割り当てられた職務内容について把握できる資料など
(4)	人事評価	人事評価に関連した帳票類や（賃金・賞与への）査定資料など
(5)	社員に関する基本データ	社員個人ごとの生年月日・入社年月日・学歴・所属・役職・職務に関連する資格・その他キャリアなどが分かる資料など
(6)	賃金に関するデータ	◆月例賃金（各社員の直近の基本給・各諸手当等一覧可能なもの） ◆初任給 ◆年間賃金（各社員の20○○年間総支払い賃金額：源泉徴収票ベース） ◆直近の夏期・年末の各賞与支給額 ◆昨年の昇給実績
(7)	その他	◆決算資料 ◆その他人事労務に広く関わる懸案課題事項に関する資料など

55

第Ⅱ編　実際のトータル人事制度設計──コンサルティング事例から

きたいと思います。

■社員の本音を探る

コンサル　ここで、同一労働同一賃金を目指していくために再度大事なことをお伝えしましょう。それは**社員の「見えない心」をみる**ということです。

課長　　先生、それはどういう意味ですか？

コンサル　はい、表面的なところだけを追ってはいけないということです。例えば地元の同業他社の賃金水準と比べて遜色ないのに、社員は賃金に不満を感じていると言うことがあったりします。

課長　　それはどういうことですか？

コンサル　人の心というのは必ずしも合理的ではありません。例えばまだ入社したばかりの若い社員が夏休みをとって学生の時の友達と一緒に旅行に行ったとします。その時に賃金の話になったりすることもあります。「今度の夏のボーナスで俺は20万円もらったけれど、お前はどうだった？」それを聞いて自分の会社の今回の夏の賞与は寸志の５万円だけだったのでショックを受けたということが実際ありました。また、これとは別に上司と帰りに一杯やって帰るということもたまにはあるかも知れません。その際に、「ところでお前は賃金いくらぐらいだ？」という話にもなるでしょう。本当は、上司は部下の賃金を知っていないといけないのですがね。部下がそれに対して答えると、「なんだそのくらいか？　俺の十数年前の頃には、それよりも５万円くらい多かったかな」。それを聞いて、部下は一気に会社に対して不信感を持ったということもありました。長い目でみれば、それほど遜色はないのだけど、たまたまそのときの印象が大きく、以降思い込んでしまうということも人事では少なからずあるのです。そのためにも主観に基づく意識調査というのが重要になってくるのです。

課長　　意識調査は聞いたことがありますが、どのようなものですか？

コンサル　はい、意識調査は、モラール調査とか、従業員満足度調査と

56

第1章 キックオフから現状診断へ

図表1-4 賃金に関する社員の意識分析の例

【例】賃金が低くて不満を持っているようだが……

●若い人は、水面下で賃金明細を見せ合っているらしい
●上司・先輩からの何気ない一言が不信感に
　「お前の年齢のときに、自分はもっともらっていた……」
●本人が低いと思っていても、実際に低いとは限らない
●昇給；アップした額を（翌年も当然のように）期待している
●面談調査・意識調査（無記名）をしてみると……
　・社員はどこに目を向けているのかが大事
　・今の金額そのものか、過去の良き時代の昇給実績か、手当か、残業（夜勤）代か、賞与か、
　・どの企業、誰と比べて低いと思ったのか（隣の芝生は青い）
　・どのようなときに低いと思ったのか
　　例）初めて賞与をもらったときに
　　　　子供が生まれてから　　　　　　等
　・期待を裏切られたときの反動が怖い

　　　　も言われています。大事なのは、原則として全従業員を対象に
　　　　無記名で実施することです。インタビュー調査と組み合わせる
　　　　ことによって、多面的・効果的に実態を把握することができる
　　　　ようになります。

課長　　よく分かりました。できればやってみたいですね。

第1章 ポイントまとめ

● まずは自社の現状を直視する
● "理想"と"現状"とのギャップ（問題）を明らかにする
● 社員の意識調査を実施し、社員の意識を客観的に分析する
● 社員の「見えない心」をみる

57

第Ⅱ編　実際のトータル人事制度設計──コンサルティング事例から

第2章

コース設定

■■■ フレームワークの再構築【2か月目】■■■

人事制度のフレームワーク

コンサル　現状診断を踏まえて、今日から人事制度の骨格を考えていきましょう。骨格とは、制度全体の概要のことで、これを「フレームワーク」と呼びます。

課長　　当社は、現行では9等級制となっていますが、年功的なもの

図表2-1　現行の人事制度フレームワーク（体系図）［ワンボックス型倉庫方式］

正規社員		対応する役職位
管理職	9等級；部長及び部長相当の管理職	部長
	8等級；次長及び次長相当の管理職	次長
	7等級；課長及び課長相当の管理職	課長
企画・指導監督職	6等級	係長
	5等級	主任
	4等級	副主任
一般担当職	3等級	
	2等級	
	1等級	

有期雇用契約のパートタイマー
○特定分野において補助的な業務を限定的に担当する。

です。非正規の契約期間のあるパート社員等についてはこれとは別の処遇となっています。

コンサル なるほど確かに昔からの一般的なものですね。なかには12等級制というのもあったりします。現行の人事制度を例えるならば、等級数は多いものの「**ワンボックス型の倉庫方式**」であると言えるでしょう。同一労働同一賃金時代に向けたこれからの人事制度は、「**積み上げ型のコンテナ方式**」に変えていく必要があると思います。

図表2-2 昔の大企業流の等級制度からの脱却

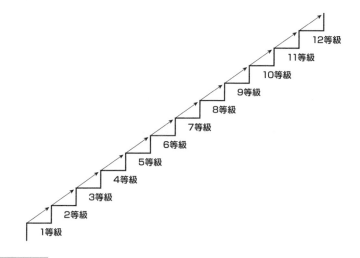

図表2-3 「積み上げ型のコンテナ方式」のイメージ

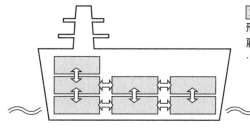

コンテナ方式とは、「キャリア形成～発揮」からみた新たな雇用区分を表す
…差別を目的としたものではなく本人の意思も重視

第Ⅱ編　実際のトータル人事制度設計——コンサルティング事例から

図表2-4 新人事制度フレームワーク(体系図)の例[積み上げ型コンテナ方式]

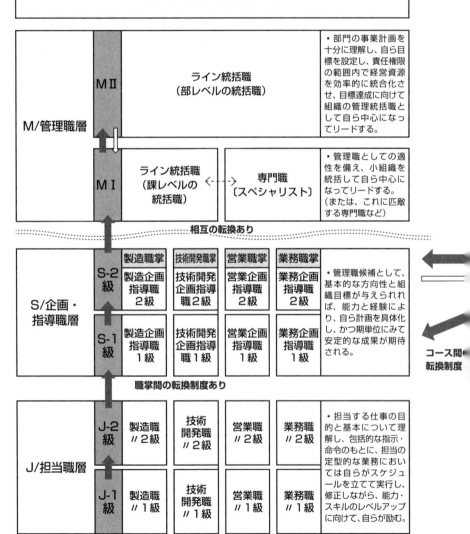

第2章 コース設定

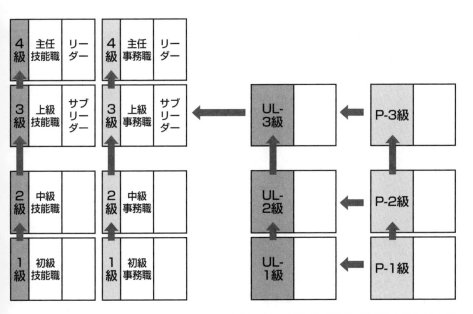

※あくまでも1つの例です（矢印はこれ以外にも考えられます）

第Ⅱ編　実際のトータル人事制度設計──コンサルティング事例から

■有期契約社員の正社員登用・無期転換

課長　　契約社員からみると、有期と無期とに分かれているのは、労働契約法の改正からのものですか？

コンサル　そうです。A社では非正規社員は、正社員ではないということで、根本からあまり意識してこなかったというのが実情かと思います。

課長　　はい、そうです。ただ、これまでも会社に長く勤めて貢献度の高いパートの女性を正社員に登用してきました。ただ、それは子供もまだ小さく夫が病気になったなど特別な理由があっての例外的な扱いでしたが……。

コンサル　それはどのような手続きで決定されたのですか？

課長　　はい、工場に勤めていた女性ですが、上司が会社に申し出て、それを社長がその心情を察して例外的に認めたというように聞いています。

コンサル　正社員の登用時に賃金はどのように決めましたか？

課長　　時給から月給に変えたものの、大きな見直しはなかったと聞いています。ただし、正社員になると賞与が支給されるので年収ベースでは高くなりましたが……。

コンサル　なるほど、そのようなケースもよく聞くところです。ただし、これからはそうはいきません。ご承知のように複数回の更新を行って勤続５年たてば無期契約に変わる権利が認められるようになりましたからね。このあたりも含めて正社員、非正規社員を問わず全面的な見直しが避けられなくなったと言ってよいでしょう。

課長　　それが、きめの細かいコンテナ方式での運用ということになるのですか？

コンサル　はい、そのとおりです。**図表2-4**のとおり、必要なところはタイプによって明確に区分し、横の移動については転換制度、基準を設けます。また、縦の移動では、上へは昇格・昇進、そして慎重な対応が求められることになりますが、下へは降格・降職のための制度と基準を設けるということが必要になってき

62

ます。これらをみて分かるのは**一方通行ではなく、状況に応じ
つつ双方向を前提としている**ということです。

　　また、キーワードは「**社内身分制度からの脱却**」ということ
になるでしょう。この意味するところは、転換に必要な経験年
数については今までよりも短く対応し、柔軟性重視ということ
でもあります。

課長　　　契約期間がある社員で有期から無期に変わる場合は３年で可
能になるというのもそのことでしょうか？

コンサル　はい、人事制度に例外はつきものですが、極端に言えば「１
年たって条件さえ整えば」ということもこれからはあってよい
と思います。

課長　　　元は有期契約社員であっても、転換制度にのっとって無期の
契約社員に至った社員で上級に至った社員は、さらに「一般職
コース」への転換がみえてくるということですか？

コンサル　はい、そのとおりです。無期契約社員制度が、中２階のよう
にみえるかも知れませんが、当分の間はこの制度で運用し、ま
た何年か後に制度全体を見渡して、さらに必要なところを見直
していくという「**常にING**」**の姿勢**だということですね、これ
も柔軟さが求められるということです。

課長　　　「一般職コース」というのは当社の現行制度にはないのです
が、これはどのように考えればよいですか？

コンサル　はい、これまでのいわゆる複線型人事制度とは少し異なって
くることになるかと思います。これについては、以下のように
しっかりと考えていきましょう。

コース区分の明確化

コンサル　Ａ社の現状に即して「総合職コース」と「一般職コース」の
２つのコースに区分してみます。

課長　　　コースの違いはどこにあるのでしょうか？

コンサル　「総合職コース」とは、幹部及び幹部候補として期待され、会

第Ⅱ編　実際のトータル人事制度設計——コンサルティング事例から

　　　　社の基幹となる業務に携わるものです。また、原則としてです
　　　　が、転居を伴う異動、すなわち転勤もあり得ることを前提とし
　　　　ます。今後は計画的なジョブローテーションも対応できるよう
　　　　にしていきます。

課長　　　転勤のことはこれまでも問題になっていてよく分かるのです
　　　　が、「原則として」と言うのはなぜですか？

コンサル　はい、これからは絶対条件にはならないからです。そもそも
　　　　ですが、本社の管理部門など前提として転勤の可能性がほとん
　　　　どない幹部候補としての社員も、なかにはいます。また転勤は
　　　　難しくても幹部候補にふさわしい人材もいることはお分かりで
　　　　すよね。一方で、一般職であっても状況によっては転勤してほ
　　　　しい人も、例外ながら出てくることが想定できます。**これから
　　　　の人事制度には柔軟性が求められる**ということをまずは前提に
　　　　置いて検討を進めましょう。

課長　　　確かにそうです。当社でも転勤できない、もし転勤となるの
　　　　ならば辞めることも考えなくてはいけないという声が水面下で
　　　　は聞こえてきます。

コンサル　他の企業でも実はそのことで悩んでいます。もう１つ、男女
　　　　雇用機会均等法の問題もあります。やはり、転勤が難しい社員
　　　　のなかには女性が多いことも事実です。

課長　　　当社では営業職では、入社２、３年目くらいから全国の営業所
　　　　への転勤がどうしても必要なのですが、これについてはどうで
　　　　しょうか？

コンサル　はい、営業職（営業職掌）ならではの特性という見方も必要
　　　　になると思います。採用の時から職種の概念を明確に持ってお
　　　　くのが、人事マネジメントにおける職掌のとらえ方です。

課長　　　はい、でも営業職以外ではどうでしょうか？　ベテランに
　　　　なってくると転勤もしてもらわないと経営上大変困るのも事実
　　　　ですが……。

コンサル　それでは、役職で言うと係長昇進、または課長昇進の時など一
　　　　定の階層での昇進候補者に確認するという方式ではどうでしょ

64

第2章　コース設定

うか？

課長　　なるほど、言葉としては適当ではないかも知れませんが、"踏み絵"のような感じですね。

コンサル　はい。転勤の問題は、家族など個人的な状況も関わってきて、大変ナイーブな問題です。会社としても、これまで以上に慎重に説明責任を果たすということが期待されてくるところです。

課長　　分かりました。次に「一般職コース」はどのように位置づければよいでしょうか？

コンサル　一般職コースは、事務職及び技能職を中心に総合職の補助的業務として定められた業務を効率的にこなし、実務の熟練者を目指すコースとします。対象としては、現在の事務補助職的な職務に携わる社員が想定されます。ここで大事なのは、あらためて一般職コースを導入してコースを選定するにあたっては、本人の同意が必要になってくるということですね。

課長　　個別の同意というのは、大きなハードルですね。

コンサル　はい、その前に賃金など処遇面も含めた具体的な制度設計はもちろんですが、説明が当然必要となりますし、言うまでもあ

図表2-5　総合職と一般職

コース	区分	キャリア形成	異動範囲
総合職	基幹業務と関連業務分野及び業界動向等に広範かつ豊富な知識を要する職務。	長期的視野での幹部（候補）としての育成を行う。	（原則として）転勤の対象にもなり得る。
一般職	総合職を補佐するとともに、一定の判断を要する定型的業務を中心とした限定された職務（総合職よりも習熟の幅が狭い）。	担当実務を中心としたスキル開発と実務経験による。本人の意欲と能力適性によって総合職への転換の道を開く。	住居の移転を伴わない異動に限定する。

一般職
・0クラス（一般職）
　…事務や生産を中心に、総合職の補助業務を主として営業事務や生産・加工を中心とした分野の実務を担う社員とする。

65

第Ⅱ編　実際のトータル人事制度設計──コンサルティング事例から

りませんが、本人の自由な意思での同意が求められるかと思います。

課長　他の一般職の対象者とは何でしょうか？

コンサル　新制度導入後の一般職コースを前提としての採用者が挙げられます。そして、今後発生してくる現在の有期契約社員が無期契約社員に切り替わった後の新たなキャリア発展の場としても対応していくことが考えられます。ただし、この場合、できる限りフルタイムで勤務することを前提とすることが適当でしょう。

課長　今までも何となく「総合職」的・「一般職」的な雇用をしてきましたが、あらためてどのように明確なコース別にしていけばよいのか分かりません。

コンサル　それではまずアンケートをとってみましょう。場合によっては会社の想定と異なる回答をする社員もいるかもしれませんが、これからの人事は本人の意思をより、尊重していくものとなります。

課長　なるほど、分かりました。これも新たなリスクの種かも知れませんね。

第2章　コース設定

図表2-6　新人事制度におけるコース区分に関するアンケートの例

　現在、当社では人事制度の見直しを進めています。
　以下は、あくまでも新制度導入に向けた状況把握のための事前アンケートです。これによって社員の皆さんのコースが決定されるわけではありません。また、皆さんのコースを会社が一方的に指定することもありません。安心してご回答ください。

◆総合職コースにふさわしい人材とは？
　・将来を考えて、キャリアをいっそう開発したい…
　・自ら困難な目標を設定し、チャレンジして管理職や高いレベルの専門職を
　　目指したい…
　・責任ある仕事を担当し、より高い賃金を求めていきたい…
◆一般職コースにふさわしい人材とは？
　・将来的にも、管理職になることは考えていない…
　・将来的にも、住居の移転を伴う転勤はまったく考えられない…
　・可能であれば現在の職種や仕事をそのまま続けたい…
　・他の社員以上の残業や休日出勤はできれば避けたい…
　（一般職でも必要に応じて残業または休日出勤を求められることがあります）
　・自分にとって賃金よりも大事な、やりたいことが他にある…

………　留意していただきたいポイント　………
・当アンケートは管理職を除くすべての正社員を対象として行います。
・しばらく育児や介護などのプライベートで大変だからといった短期的な見方
　で考えていただく必要はありません。長い目でみて会社の幹部候補としての
　期待に応えられるかどうかの視点でご回答願います。
・新制度では、会社はこれまで以上に人材交流を積極的に進めていく方針です。
　総合職だから必ず住居の移転を伴う転勤があるとは限りませんが、転勤対象
　者の候補に挙がることになります。
・今回あわせて一般職から総合職への転換制度を設けます。転換基準は本人の
　希望と評価の傾向、面接などによります。
・今回のアンケートによって、評価その他で不利益な取扱いをすることは一切
　ありません。

67

第Ⅱ編　実際のトータル人事制度設計──コンサルティング事例から

職掌の区分

課長　　先生、「職掌」という言葉が出ましたが、これはどのようにとらえておけばよいですか？

コンサル　はい、A社の業務内容をみると、人事マネジメント上の職種分類を明確に持っておく必要があると思います。これまでも、例えば営業職としての採用なども当社で実質行われてきましたね。これをきちんと、職掌で区分したうえでそれぞれの特性に応じたマネジメントをやっていこうということです。

課長　　組織図で区分すればよいですか？

コンサル　いいえ、これは単に所属部署にこだわるものではなく、それぞれの社員が担当する業務の実態に応じて決定するものです。

課長　　当社ではどのような区分が適当でしょうか？

コンサル　はい、**図表2-7**のような区分が適当だと思います。

図表2-7　職掌の区分

コース	職掌	内　容
総合職コース	製造職掌	幹部または幹部候補として、製造の管理業務に主体的に関わるもので専門知識や業務に伴う独自の判断力も要求される職種
	技術開発職掌	幹部または幹部候補として、設計・技術開発・研究等に主体的に関わるもので専門知識や業務に伴う独自の判断力や創造力も要求される職種
	営業職掌	幹部または幹部候補として、自己の担当取引先を持ち、マーケティング業務を含めて主として渉外に関わる職種
	業務職掌	幹部または幹部候補として、総務・人事・経理・法務・情報・（生産管理・品質管理）等の内部管理業務の全般に関わる職種
一般職コース	一般事務職掌	事業所での採用で総合職の補助として、主として営業・経理等の内勤事務を行う職種
	一般技能職掌	事業所での採用で総合職の補助として、主として生産・加工・検査・物流等の実務を行う職種

第2章　コース設定

コンサル　実は、これからの人事賃金制度では、この職掌の区分が大変
重要になってきます。これも「コンテナ方式」の表れと言えま
す。一言で言えば、同じ会社であっても仕事の質によって運用
基準はもちろんのこと、場合によっては、制度そのものも一部
組み替える必要が出てくるということです。

図表2-8　職掌の基準の認定例

採用の基準として

【例】「○○職掌の採用にあたっては、指定の適性検査を受検させる」など

【例】「技術開発職掌については、大学院（理系）の修士卒の採用を考慮する」
など

研修と関連づける

【例】「業務職掌については、Ｊクラスの在籍中に簿記２級の通信教育を受講
させる」など

【例】「技能職掌については、配属から原則として１年以内に□□資格の取得
を必須とする」など

キャリア開発と関連づける

【例】「専門職制度A区分については技術開発職掌を想定する」など

諸手当と関連づける

【例】「営業職掌には、渉外手当として○万円支給する」など

賞与と関連づける

【例】「営業職掌には評価による査定幅を他の職掌より２割大きくする」など

昇給の基準として

【例】「技術開発職掌の大学院卒については、昇格昇給を別途定める」など

異動基準として

【例】「営業職掌では２年目から原則として転勤ありとするが、他の職掌は原
則として係長昇進以降からとする」など

【例】「商品企画職掌と（渉外）営業職掌間では、原則としてＪクラスの在籍
中に相互のジョブローテーションを行う」など

昇格基準として

【例】「技能職掌の初級社員が中級に昇格する際には、技能検定をあわせて行
い、参考とする」など

69

第Ⅱ編　実際のトータル人事制度設計──コンサルティング事例から

課長　　　職掌の転換基準も必要になってきますね。

コンサル　はい、そのとおりです。本人の希望ということもあるでしょうが、評価などによって転換が決まるとなると基準をどうするかが重要になってきます。

課長　　　先ほど、採用のときの区分でのご説明がありましたが、それ以外ではどのような違いが考えられますか？

コンサル　はい、**図表2-8**のとおりです。

> ## パート等の契約社員

コンサル　有期契約の社員についても、担当職務も含めて、一般職との関係についてあらためて整備していく必要がありそうです。ご承知のように労働契約法による無期転換も考慮したうえで、基本的には例えば5年を待たずに3年経過すれば一般職への登用の道を開いていくことを考えていきます。そのためにも毎期の評価制度の整備が必要ですね。

課長　　　これまでは契約更新の際に勤務ぶりについて会社としても上司が面談を通じて確認することはやってきましたが、評価制度などは考えてもみませんでした。パート社員などの契約社員についてどのような評価を行っていけばよいでしょうか？

コンサル　最初はシンプルなものからでよいと思います。総合職の評価制度の再設計を踏まえて考えてみましょう。それと、一般職への登用（転換）の基準を明らかにしていく必要が出てきます。これからは、この**転換基準**をしっかりと作成して**実際に運用していく**ということが大変重要になってくると思います。もちろん、社員に発表することは当然ですが、規程を作成して明記しておくことが必要でしょう。

課長　　　思ったよりやることが多くなりますね。人事担当も人が少ないなかなので大変です。

70

第2章　コース設定

第2章　ポイントまとめ

- 現行の「ワンボックス型の倉庫方式」人事制度から、「積み上げ型のコンテナ方式」人事制度へ変革する
- これからの人事制度では、「柔軟性」が鍵
- 総合職、一般職コースをあらためて考えてみる
- 業務の実態に応じて職掌の区分を行う
- パート社員等からの一般職への登用基準を明らかにする

第Ⅱ編　実際のトータル人事制度設計──コンサルティング事例から

第3章 等級制度

基本（職能）等級制度の設計【3か月目】

人事システム全体の位置づけ

課長　先生、いよいよ基本人事制度のなかでも等級制度の設計ですね。当社は十数年前に9等級の職能資格制度を導入してこれまできましたが、機能していないように感じています。賃金明細に等級が記載され、昇給のときには昇給後の号数が記載されてはいますが、なかには自分の等級を忘れている社員までいる始末です。

コンサル　そういうのを「形骸化」と呼んでいます。実は同じような企業がけっこう多いのです。
　まずは、**図表3-1**をみてください。

図表3-1　トータル人事システム図

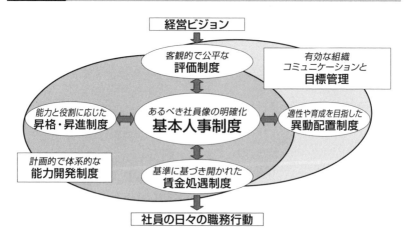

第3章　等級制度

　前にもご説明していますように、まずは経営トップからのビジョン、理念という言い方をする場合もありますが、これをしっかりと明示することが先決です。一方で、企業というのはすべての従業員の毎日の職務行動にかかっているわけです。これを結びつけていくのが、内部管理制度のなかでも重要な人事制度だというようにとらえることができます。コース別人事制度とか等級制度とかいった専門技術的なことよりも、**これから期待すべき社員像をはっきりさせ、これを皆が共有していくこと**が重要ではないかと思います。これを取り巻くのが、客観的で公平な評価制度であり、さらには基準に基づいて開かれた賃金等処遇制度、一方では能力と役割に沿った昇格・昇進制度、適性や育成を目指した異動配置制度（ジョブローテーション）が取り巻いているわけです。基本人事制度をメインシステムとみれば、これに関連する諸制度はサブシステムとみることもできるわけです。

　これらのベース（基盤）にあるのが計画的で体系的な能力開発制度、これらを生かしていく仕組みがコミュニケーションシステムであるというようにみることができます。コミュニケーションシステムとは、人間の体に置き換えてみれば、大事な臓器に血をめぐらす血管の役割だというようにみることもできるでしょう。これを制度として盛り込んだのが目標（による）管理ということになります。**目標管理制度は、単に評価制度の一環として行うというよりも、マネジメントの根本に至る大事な考え方、技法**と言えるものです。

課長　　なるほど、よく分かりました。このように全体の位置づけというのをはっきりとベースに置いて、これを皆が共有していくということが活力となり、組織を活性化していくという意味で大事になってくるわけですね。

73

等級制度の設計

■等級制度の見直し〜ブロードバンド化

コンサル　では、A社の等級制度のあり方について考えていきましょう。

課長　まず、現在の当社の9等級制については、先生はどう思われますか？

コンサル　そもそもですが、果たして9つに分ける意味がどうであったかというところに立ち戻ってみる必要があります。それぞれの等級について説明するにあたっては、「等級基準」が必要となります。「職能等級基準書」とか、「職能要件書」等と言われていたものです。例えば8等級と9等級の違いを、「より高度な観点から」とか「より広範囲にわたって」とか、形容詞や副詞を使った抽象的な基準にとどまっていないでしょうか？　そもそもこれが形骸化の走りとも言えるのではないかと思います。インターネット用語で、「ブロードバンド」という言葉がありますが、等級制度もブロードバンド化が言われてきました。

図表3-2 大ぐくりな区分（ブロードバンド）

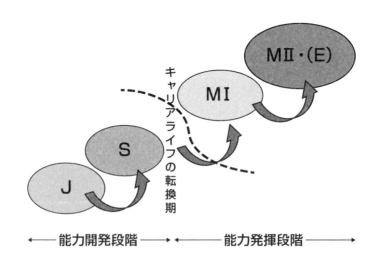

課長　　　ブロードバンドとは何ですか？
コンサル　ここで言うブロードバンドとは、等級はこれまでよりは少なく大ぐくりにして1つひとつの等級の中で、個別に、より柔軟に的確な対応をしていこうという考え方です。この考え方からすれば、A社の規模であれば以前のものよりは少ない5つないし6つぐらいの区分（新等級）が適当と言えるでしょう。

■「クラス」と「級」
課長　　　先生の提案では、「クラス」と「級」というように分けていますが、これはどういう意味ですか？
コンサル　はい、クラスは明らかに期待する仕事のレベルの違いを指します。例えば、新卒を採用しない企業も含めて社会人の経験がまだ浅く、まずは勉強しながら自分の仕事を確立していく段階、これをJクラス（ジュニアクラス）と名づけることとします。さらに経験を積みベテランになって、縦の関係ができたところ

図表3-3　新しいクラスー級制度

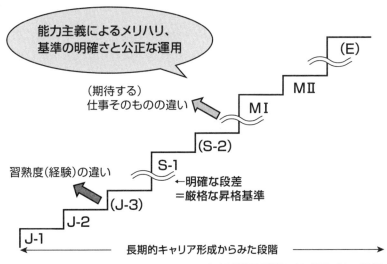

（　）は従業員規模等により必要に応じて設ける

第Ⅱ編　実際のトータル人事制度設計――コンサルティング事例から

をSクラス（シニアクラス）と名づけます。これらとは一線を
画して、社長の言葉を借りると、そろそろ会社側の立場に立っ
て組織を仕切ってほしいとの声がかかる管理職層（M/マネジメ
ント層）に分かれます。A社ではまだ早いかも知れませんが、
会社規模が大きくなれば、経営層（E/エグゼクティブ層）を設
けることも考えられます。この場合、従業員兼務役員とか、執
行役員などをこれに含めることも考えられます。

課長　　　級は、クラスとどう違うのですか？

コンサル　級はクラスほど大きな違いを見いだすものではありません。
では、なぜ必要なのかと言えば、人事というのは個々にまめに
目標を持たせたうえで動機づけていくことが欠かせないからで
す。JクラスからSクラス、SクラスからMクラスへとクラス
を移行するには個人差ももちろん大きいですが、何年もかかる
ものです。これを、より細かく区分して、例えば目標設定に役
立てたり、賃金制度で言うとより細かい号数を設定し運用する
などした方が、メリットがあるのです。もちろん、大事なこと
はクラスが変わるとき、これまで以上に昇格の基準をきっちり
と定めることが求められます。なかでも一番大きいのがSクラ
スからMクラスの昇格の段階です。これまでのように、一定の
年齢に達したから、残業代の負担を減らすために管理職に引き
上げるなどといったことは、これからはできません。

■管理職の区分と位置づけ

課長　　　最近、労働基準監督署の指導も厳しくなってきていますが、
労働基準法で定める「管理監督者」に該当するかどうかの判断
が難しいですよね。

コンサル　はい、そもそもですが、労働基準法で定める管理監督者と社
内で定める管理職とはおのずから異なるものです。この点も制
度改定では注意しなくてはならないポイントになります。
　　　　　ちなみに、Mクラスでは、本来の管理職である**組織を統括し
てライン長としての職責にあたる立場のポスト**をまず前提に置

きます。それに対して例外的ではありますが、**部下がいなくて
も相当に高い専門性を持ち合わせているいわゆる専門職管理職
（スペシャリスト）**を新制度でどのように組み込むかということ
が非常に重要になってきます。さらに、管理職層に試験などに
よって昇格したばかりで、まだ課長などの正式なポストに就い
ていない言わば待機職とか、役職定年制にのっとって、一定の
年齢になって役職から外れた管理職をどう処遇するか、これら
を含めて**実務経験が豊富で年齢も高く、社歴も長いベテランの
従業員である専任職（エキスパート）**については、管理職制度
のなかでどう位置づけるべきか、これが最も難しい判断となり
ます。法解釈も含めて、この区分と定義をこれまで以上にしっ
かりととらえることが必要になってくるのです。私は、この3
つの区分について整理をしていくことが避けられないと考えて
います。

■**基本等級と役割等級との並列型等級制度**
課長　　先生が当社に提案された並列型の等級制度というのはどうい
うものなのですか？
コンサル　はい、基本等級は、職能資格制度を念頭に、能力の開発度合
いに応じて等級を決定し運用していくものです。これまで、日
本の多くの企業でベースとなっていた等級制度であるとも言え
ます。これを念頭に置きながらも、いわゆる"仕事"基準である
役割等級を並列して設定したものです。
　　最近の一般の調査をみると、職能等級制度の次に役割等級制
度を導入する企業が増えてきているのです（**図表3-5**）。

第Ⅱ編　実際のトータル人事制度設計──コンサルティング事例から

図表3-4　役割等級の設定例

（あくまでも見本です）

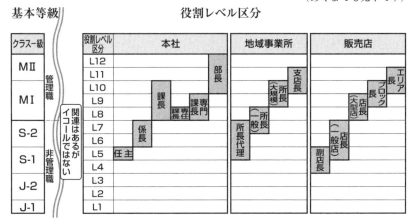

図表3-5　正社員の等級制度

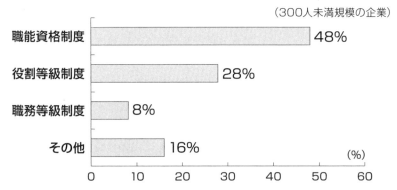

資料出所：「人事制度の実施・改定状況調査」(労務行政研究所/2016.11調査、労政時報3928号16頁)

コンサル　実はこの役割等級の設計が鍵を握ることになります。「等級」と言うと紛らわしいので、ここでは「役割レベル」という言葉を使って説明していきましょう。

　　　これからは「積み上げ型」による管理が必要になってきます。言ってみれば、これまでの"倉庫型人事"から"コンテナ型人事"

第3章　等級制度

への変更を余儀なくされるということです。縦と横の関係で言うと、縦が昇格（昇進）または降格（降職）のルールに基づいて運用すること、横が転換の基準ということになります。したがって、これらの基準の規定化を図り、しっかりと運用していくことが重要になってくるものと考えます。

■"人"基準から"仕事"基準へ

課長　　先生、私も本で読んだことがあるのですが、職能資格制度というのは、「対応役職位」という考え方があるのかと思います。例えば、課長は5等級と6等級に対応する、部長は6等級と7等級に対応するということで、まず等級があって役職がこれに対して柔軟に対応するということだったと思います。この考え方ではうまくいかないのでしょうか？

コンサル　はい、さすがに課長はよく勉強していますね。職能資格制度1本でまったくできないということではありません。ただし、職能資格制度というのは、もともと年功的な要素がかなり大きい制度です。これが日本の企業にとって使い勝手が良い制度であったことに間違いありません。ただし、同一労働同一賃金に向けては、このようなあいまいさを残した制度だけではなかなか説明がつかなくなってきています。

課長　　先生、それであれば、職務等級制度1本へ変わることにはならないのでしょうか？

コンサル　これはまた、良い質問ですね。日本の人事は、前にご説明しましたように"人"基準でこれまで組み立てられ、運用されてきました。これを一気に"仕事"基準に転換するということは必ずしも現実的ではないのです。これについてなかなか納得がいくように説明することは難しいかも知れません。ただし、これからは**"仕事"基準の方にウエイトをシフトしていかないと適応し得なくなる**ということは事実だと思います。まぁ、言ってみれば折衷案ということになるのかも知れませんけれども、当面はこの両方の良いところを採り入れるということが避けては通れ

79

ないと考えます。

　また先ほどご説明しましたように、**まずは役割レベルをライン長など、より明確な管理職層から導入して順次下位層に拡大させていくのが比較的スムーズ**です。何度も言うようですが、これは"仕事"基準です。

第3章　ポイントまとめ

- 人事システム全体のなかでの基本的な位置づけを再確認する
- 等級制度のブロードバンド化（等級はシンプルな大ぐくりに、個々の等級のなかで柔軟に対応）を目指す
- 管理職 ≠ 管理監督者であることを踏まえたうえで、自社内の管理職の区分を整理する
- 役割等級の導入・設計が鍵
- "人"基準に"仕事"基準を加え徐々に"仕事"基準のウエイトを大きくしていく

第4章　役割・職務分析

第4章

役割・職務分析

役割分析の意義

課長　　役割レベルというのは少し分かりかけてきました。では、こ
　　　　れからどのようにレベルを決めていけばよいでしょうか？

コンサル　役割分析（評価）を行ってみます。役割分析は、もともとは職
　　　　務分析（評価）から来ています。これは本来、"人"ではなく担当
　　　　する職務、"仕事"をみて評価をするものです。ただし、どうして
　　　　も難しい場合には、人から職務、仕事へと焦点を移してとらえる
　　　　方法もあるかと思います。一方であまりにも厳格にとらえると、
　　　　にっちもさっちも進まなくなるのが職務分析の本質とも言えま
　　　　す。方法はいくつかあるのですが、一般的なのは「ベンチマー
　　　　ク方式」によるものです。ベンチマークとは、本来は測量の際
　　　　の水準点を指すもので、比較のために用いる指標を言います。

　　　　　事例でご説明しましょう。分かりやすく、日本の企業で一般
　　　　的な役職である「課長」を例に挙げてみてみます。

■役割評価とその基準

コンサル　では、役割評価の項目について、**図表4-1**に沿って説明して
　　　　いきましょう。まず、**ⓐの担当する仕事の「責任と権限の大き
　　　　さ」**をとらえます。「責任、権限同等の法則」というのがありま
　　　　す。これは、責任が発生する以上、同等の権限を持って初めて
　　　　意味があるというものです。

　　　　　責任・権限をさらに細かくみると、5つに分かれます。1つ
　　　　は担当部署の部下の人数です。部下が多い方が少ないよりも責
　　　　任が重い、難しい、大変だということです。これは分かりやす

81

第Ⅱ編　実際のトータル人事制度設計──コンサルティング事例から

図表4-1 役割評価とは

ⓐ：責任 と権限の 大きさ	1）部下の人数	扱う経営資源（ヒト・モノ・カネ）を評価するもので、部下の人数・担当の施設や設備・扱う予算額などによっての評価
	2）部下の専門的レベル	
	3）担当の予算規模	
	4）施設や設備の規模（責任範囲）	
	5）トラブルが発生した時の責任度	
ⓑ：現行業績貢献期待度		現時点での会社への業績貢献度
ⓒ：新規開発期待度		ⓑの裏返しになるもので、将来の業績貢献期待度（チャレンジ性・市場伸張性）
ⓓ：役割難易度		要求される能力レベル、公的資格など専門知識や技術、代替人材の希少性など
ⓔ：精神的肉体的負担度		渉外や外勤（外回り）に要する負担、時間外・休日・深夜に急な呼び出しが発生する場合などの負担度

いですね。さらに部下の人数が同じであっても、部下に要求される専門性によっても異なるというところに目をつけます。例えば部下が全員アルバイトやパート社員よりも、より高いレベルの専門職集団の方が、マネジメントが難しくなるということです。3つ目は担当部署の予算規模です。予算規模が大きければ言うまでもなく責任と権限は大きくなります。4つ目は、3つ目とも関連しますが、担当する施設や設備の規模です。これは長としての責任と権限が及ぶ範囲を意味します。例えば工場を想定するとよく分かります。A社は名古屋と九州の双方に工場がありますね。主要工場が名古屋で規模も大きいわけですが、これを管理する場合の困難度はより高くなります。5つ目は、万が一、クレームやトラブルが発生したときに求められる責任の大きさです。解決に至るまでのプロセスの困難度とみることもできます。

　以上をみてお分かりのように、これらは経営資源（ヒト、モノ、カネ）からみるものです。

　ⓑは、**業績貢献期待度**です。現時点での会社業績への貢献度

がどのくらいであるかを評価するものです。経営用語で「金の
なる木」という言葉がありますが、まさにこの大きさを指すも
のです。

ⓒは、**新規開発の期待度です**。会社として、将来に向けての戦
略的期待をとらえたものです。ⓑの裏返しと言えるものでしょ
うか。担当する事業部門の将来のチャレンジ性や市場の伸びの
期待などを評価して決定するものです。

ⓓは、**役割そのものの難易度を評価します**。これはあらかじめ
担当する仕事に要求される能力はどのくらいのレベルなのか、
公的な資格など専門知識や技術が客観的にみてどの程度を必要
とされるのか、またはそのポストが空いた場合（前任者が定年
で退職する場合などがあてはまります）、代わりの人材を外部か
ら募集するとした場合の困難度などについての評価を行うもの
です。例えば、法務部門で弁護士などの法曹資格を持つ人材を
探すなどの場合に希少性が高くなるなどです。

ⓔは、**精神的・肉体的な負担度を評価します**。具体的には渉
外を専ら行う営業職など外回りがゆえの負担、休日出勤や深夜
勤務の頻度、取引先の接待などの回数や自宅にいても携帯電話
を身から離せず、いつ呼び出しがあるか分からないなど、肉体
的及び精神的な負担度をみるものです。

以上の要素から総合的な評価を試みます。また、それぞれの
項目のウエイトづけも行ってみます。合計を100％とすると分か
りやすいでしょう。

図表4-2 評価の段階基準

段階の基準	点数化
際立って大きい	5
やや大きい	4
標準的（平均的）	3
やや小さい	2
さらに小さい	1

第Ⅱ編　実際のトータル人事制度設計──コンサルティング事例から

　　また、評価の段階については**図表4-2**のような基準が適切で
しょう。

■ベンチマーク方式による役割評価基準の設定

課長　　「ベンチマーク」とはよく聞く言葉ですが、当社ではどのよう
　　　に進めていけばよいのでしょうか？

コンサル　まずは基準となるポストを置いて、他のポストをあてはめや
　　　すいものから次々にこれと比較してとらえていきましょう。今
　　　までこのようなことを実施したことがないとなかなか難しいか
　　　も知れませんが、これを試みるステップが大事なのです。決し
　　　て無理に評価をして決めて終わりということではありません。
　　　これを**評価する立場の人が共有していくまで煮詰めていく、そ
　　　のプロセスこそが大事**だということです。

課長　　項目としては他にも考えられますか？

図表4-3　役割評価基準の設定例（ベンチマーク方式）

〈部長クラス〉

役割評価項目（部長レベル）		事業所	本社		○○支店
		ポスト 配点例	営業 第一部 部長	商品 開発部 部長	管理部 部長
ⓐ：責任と権限の大きさ	1）部下の人数	10%	4	3	3
	2）部下の専門的レベル	10%	3	4	3
	3）担当の予算規模	10%	4	3	3
	4）施設や設備の規模（責任範囲）	10%	3	3	4
	5）トラブルが発生した時の責任度	10%	4	3	4
ⓑ：現行業績貢献期待度		15%	4	3	3
ⓒ：新規開発期待度		15%	3	5	3
ⓓ：役割難易度		10%	3	4	3
ⓔ：精神的肉体的負担度		10%	4	3	2
合計点		100%	3.6	3.5	3.1

コンサル　会社ごとに必要と思われる指標を考えてみます。例えば、「対人関係の困難度」です。これは社外と社内とに分かれます。社外は、業務を進めていくうえで取引先や顧客等との調整がどの程度要求されるのか、その度合いを表します。一方、社内は業務を詰めていくうえでの社内調整、すなわちコミュニケーションや根回しなどが要求される程度を指します。次に「経営度」です。これは、経営全体に対する影響の度合いや重みを率直に評価するものです。また、顧客から求められる「信頼度」という項目も挙げられるでしょう。相当の実績と信頼が前提にないとうまく務まらないポストや業務などはポイントが高くなることが予想できます。

　いかがでしょうか？　何となくピンと来るでしょうか？　職掌ごとの部長や課長など、どのポストを基準に置いてみるかということであらためてみえてくるものもあるかと思います。当然ですが、**相当以前から重要なポストであり、誰もが当社の必要なポストだと認識し、少なからず人の異動があるもの**をベンチマークの中心に置いてみることが適当であるということになります。何度も検証してみて整合性が取れているか、ブレがないか、といったところが見極めのポイントとなるでしょう。

■ポストの比較、点数づけの意義

課長　　点数づけが難しそうですね。

コンサル　点数をつけるのはあくまでも便宜的なものです。**点数づけを行ってみることによってあらためて比較することが難しいということに気づき、そしてその理由を追求すること**が、役割分析の精度を増すことに結びつくのです。これを**多角的に何度も実施してみることが重要**なのです。

課長　　先生、おっしゃっていることはよく分かります。しかし、比較して差をつけることはレッテルを貼ることにはならないのでしょうか？

コンサル　まさにそのとおりです。社内のポストを比較するというのは、

第Ⅱ編　実際のトータル人事制度設計──コンサルティング事例から

レッテル貼りにつながる可能性も否定できません。その点、進めていくうえでは細心の注意が必要になります。しかし、日本の会社では、人に重点を置くあまり、大事なことが抜けていたのではないでしょうか。同一労働同一賃金とは、そこにメスを入れることなのだということにぜひ気づいてください。

管理職の複線化としての見方

コンサル　次に管理職の複線化について考えてみましょう。
課長　　　「管理職の複線化」とは何ですか？
コンサル　先ほどの役割分析の一環ではあるのですが、例えば、課長を本来のライン長としてとらえるか、専門職としてとらえるのか、双方ともあてはまらないとみるべきかという問題です。

■課長を３つの側面からとらえる

　　まず、**ライン課長**から考えてみましょう。ライン課長というのは組織の統括責任者であるということです。ちなみに、この課長のことを「マネジャー」という英語の名称を使う企業もあります。そもそもですが、課というのは、組織の最小単位です。当然ながら、課には１人のライン長しかいません。本来の業務としてそれぞれの課員に指示して課を運営しながら、部下を指導し育成するという役割が期待されています。もちろん、部の計画に沿って担当課の事業計画を作成することも求められます。予算策定の責任者及び執行の権限を持っているということも重要な要素となります。部長の補佐ないしは代理を務めることも大事な仕事でしょう。一方で、日本の企業の特色かも知れませんが、ライン課長でありながらいわゆるプレイングマネジャーとしての営業の場合は、課長自らが担当の顧客を持ち、売上責任を持っているということもあるでしょう。このように**課長の役割をあらためて明らかにする**ことが、今後大変重要になってきます。社長からすれば、「会社の立場に立って仕事をしてほし

86

図表4-4　管理職を複線型でとらえてみると

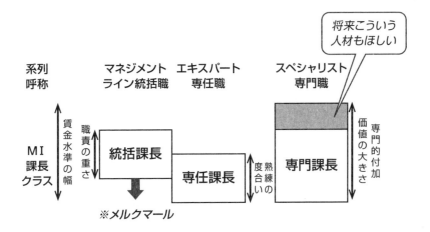

　い」との管理職への期待もあるわけです。またマネジメントの責任があるということは、人事評価で言う「評価者」であることも重要な事項です。

　次に**専門職**についてみてみましょう。英語で言うと「スペシャリスト」というのがぴったり来ます。専門職とは一言で説明するのはなかなか難しいところがあります。ライン課長と異なるのは、多くの場合は、部下がいないか、限られているということです。分かりやすい言い方をすれば、ライン課長と同じ位の仕事の付加価値が期待されている立場とみることができるでしょう。だからこそライン課長に匹敵する賃金を支払う価値があるということになるわけです。したがって、大事なことは、会社が期待する付加価値が伴っていれば、会社が定める管理職はたくさんいてもかまわないということです。

　3番目に**専任職**、英語でいうとエキスパートについてみてみましょう。この名のとおり、相当にベテランであることには間違いがありません。現実の運用では、一般的に言われる役職定年制度で、ラインから横滑りとなった課長を指すこともあるかと

第Ⅱ編　実際のトータル人事制度設計──コンサルティング事例から

　　　　　思います。また社内の管理職登用制度、昇進試験で課長のポス
　　　　　トに就く資格は得たものの、まだポストが空いていないことも
　　　　　あるかも知れません。例えば、期待されるポストの課長が半年
　　　　　後に定年を迎えるので、その間サブとして本来の課長としての
　　　　　仕事を実践的に学んでほしいというねらいもあったりします。
　　　　　このような立場を「待機職」と言います。

課長　　はい、だんだん分かってきました。これまで当社ではその違
　　　　　いをあまり考えてこなかったような気がします。

コンサル　同一労働同一賃金に向けて、これからはこの区分を明確にす
　　　　　ることが避けては通れなくなってきます。

■労働基準法上の管理監督者と時間外・休日出勤手当等の支払い

課長　　時間外手当についてはどのように考えていけばよいのでしょ
　　　　　うか？

コンサル　よく気がつきましたね。大変大事なことです。まず専任職に
　　　　　ついては、これからは時間外手当の対象となることはおそらく
　　　　　間違いないでしょう。労働基準法で定める「管理監督者」が、
　　　　　きわめて限定的だというのは課長もよくご存じですよね。

　　　　　　専門職についても難しいところがあります。そもそもですが、
　　　　　いわゆる課長クラスを管理監督者というふうにみることができ
　　　　　るかという点からして疑問です。行政解釈でも、管理監督者と
　　　　　認められるのは、例えば大手の都市銀行の本店の課長クラスな
　　　　　ど、きわめて限定的なものなのです。一言では言えませんが、
　　　　　時間外手当や休日出勤手当の支給対象者となる者・ならない者
　　　　　をどう定めるかということが、人事制度の設計とはまた違う意
　　　　　味で難しい課題となってきています。実務上、固定残業代（定
　　　　　額残業代または先払い残業代）など一定の時間外手当等の額を
　　　　　含んで賃金を定めることも一般的に行われています。

課長　　はい、当社もそうしてきました。

コンサル　固定的な時間外手当分を設定するということになれば、労働
　　　　　時間管理をきっちりと行いながら、実際にこれを上回る残業が

第4章　役割・職務分析

発生した場合には追加して支給する措置が必要になってきます。当然、規程にもそのことを明記しておく必要があります。また、言うまでもないことですが、社員に対してそのことを十分に説明しておくことも大事なことです。

■役割レベルが重なる場合

課長　　先生、部長と課長で役割レベルがダブっているというのはどのように理解すればよいのでしょうか？

コンサル　分かりやすく言えば、スモール部長よりもラージ課長の方が、仕事の範囲が広く責任も重いということがあり得るということです。実態に応じて反映していくということが今回の制度改定では大変重なってくるのです。

■管理職一歩手前の社員の役割評価

課長　　なるほど、よく分かりました。先生、管理職になる前のＳクラスの社員の役割はどういう風に考えていけばよいのでしょうか？

コンサル　はい、まず管理職についての役割レベルを明確に設定することが先決だということはお分かりいただいたかと思います。Ｓクラスと言うのは既にベテラン社員です。管理職ではなくても役付き社員である場合も多いでしょう。係長とか主任とか、横文字で「チーフ」とも呼べるでしょうか。一般的には時間外手当の対象となる層で、実務面では実質的な責任者としてかなり任されていると言ってよいかと思います。当然管理職に続き、サイズとしては小さいかも知れませんけれども、職務責任としては一定のレベルにあると言っていいでしょう。これを「役割レベル」ひいては「役割給」に反映していくことになるわけです。

　また、この層は課長の補佐役であり、課長候補としての期待もかかってくる層とも言えます。場合によってはOJTのリーダーとして後輩を指導育成する任にもあたるものです。大事なのは、**実質的にどのような立場にあるのかというところを見極めるこ**

89

とです。この専任職というのが一番難しい判断になります。個人的見解にはなりますが、これからは「専任職」というのはなくなってくるのではないかと思います。単にベテランであるということだけでは、客観的にみてＳクラスとの根本的な違いが見いだせないからです。

専門職についてもこれまで以上に、限定的に捉えていくことになるかと思います。いずれにしても人事制度が"仕事"基準に変わっていくということは、とくに年齢が高い男性社員にとって厳しくなってくることが想定されます。

■社員の平均年齢が高くなることによる影響

課長　　先生、当社の平均年齢は40歳に近くなってきています。どういうところに気をつければいいでしょうか？

コンサル　はい、実は平均年齢が40歳を超えると、企業の風土に大きな変化が生じるというように言われています。組織の硬直化と社員の活性化が困難になるという面で問題が生じてくることが考えられます。

あわせて、管理職の比率が高いということも問題ですね。管理職の一般的な適正比率については、厚生労働省の賃金構造基本統計調査などで公表されていますので、参考にしてください。

いずれにしても、これまで、年齢が高くなったから、長く勤めてきたから、男性だからという理由で昇格・昇進人事を行ってきた企業は、見直しを余儀なくされることは間違いありません。

課長　　これから運用面が厳しくなりそうですね。

コンサル　はい、そのとおりです。すぐに大幅に見直さなければ法に反するという事態にはまだならないかも知れませんが、長い目でみて世の中の動きに遅れをとった場合は、大きな問題が生じるということを肝に銘じて、期間に余裕を持って臨む必要があります。既に形骸化した昇格・昇進試験についても見直さざるを得なくなるでしょう。会社側として選択肢を多く持ったうえで、これまで以上に本人の意思をきちんと確認するということも必

第4章　役割・職務分析

要になります。

簡易版の職務評価

課長　　　　先生、役割評価は管理職など上位の階層の方があてはめやす
　　　　　いということで理解できました。Ｊクラスや一般職コース、ひ
　　　　　いてはパート社員など非正規社員についてもこれからは職務基
　　　　　準としての見方が必要になるということでしたね。こういった
　　　　　層の役割分析はどのように進めていけばよいでしょうか？

コンサル　なかなか難しい課題と言っていいと思います。日本では戦後、
　　　　　職務給の導入を進めた時期がありましたが、うまくいきません
　　　　　でした。しかしながら、今後は仕事基準・職務基準としての見
　　　　　方が避けられなくなってきます。**合理的に客観的に非正規社員**
　　　　　も含めて全社員に対して説明していくためには、"ヒト；人"基
　　　　　準だけでなく、"仕事"の方からの基準設定とは何かを追求して
　　　　　いく必要が出てきています。すなわち、個々の社員という"ヒ
　　　　　ト；人"に対する人事評価を適正に実施していくというのはもち
　　　　　ろんですが、"仕事"の面からの分析も必要になります。厚生労
　　　　　働省でもパート社員の職務評価の例が出ていますが、今回、Ａ
　　　　　社流に、**図表4-5**の**「簡易版/職務評価表」**に沿ってやってみる
　　　　　といかがでしょうか。

課長　　　　これも３段階方式ですね。確かに段階Ｃと段階Ａは定義とし
　　　　　ては具体的で分かりすいので、これだとそれ以外が真ん中の段
　　　　　階Ｂということなのでつけやすいですね。

コンサル　いきなり賃金の額をあてはめるのは難しいかも知れません
　　　　　が、できるところからやってみましょう。実はこれが**パート社**
　　　　　員を含む有期契約の非正規社員ともあわせて横並びでとらえて
　　　　　いく鍵となってきます。

91

第Ⅱ編　実際のトータル人事制度設計──コンサルティング事例から

図表4-5　定型業務を中心とした簡易版の職務評価表の例

	項目		ウエイト	段階C	段階B/標準	段階A
			点数	1点	2点	3点
1	基本的な業務のスタイルは		%	単純でルーティン化されている		複数の業務において応用レベルが求められる
2	成果はどこまで求められるか		%	時間内に誠実に勤務することが前提となる		期待する成果が明確に設定されておりその達成が厳格に求められる
3	業務に求められる速さは		%	それほど速さが求められることはない		常に、相当迅速に進めていくことが求められる
4	業務に求められる量的見地から		%	それほど数や量が求められることはない		（個数や案件として）標準よりも大量にこなすことが求められる
5	業務に求められる質的見地から		%	社内業務マニュアルで求められる～の程度		対外的にみても相当の精度で、具体的には～
6	業務を遂行するうえでのチェックは		%	上司や上級者などが行う		本人自らが行う一方で、後輩の業務のチェックも求められる
7	ミスが起きた場合には		%	上司や上級者に報告して具体的な指示を仰ぐ	Cを超えるがAまではまだ至らない状態	マニュアルにのっとったきめの細かい対応が求められ、経験も必要
8	イレギュラー時の対応		%	上司や上級者などが行う		本人自らが行う一方で、ときに後輩業務も含めて対応が求められる
9	トラブルが起きたときの対応は		%	上司や上級者に報告して具体的な指示を仰ぐ		相当問題になるので経験に裏づけられた慎重さが前提となる
10	担当業務に求められる必要な経験年数は		%	半年未満		最低でも3年以上
11	後輩への教育、指導は		%	－		基本的な役割として課せられる
12	災害にあう危険性は		%	通常ではまずない		常に緊張感を持って業務を行う必要がある
13	関連する業務の経験は		%	とくになし		複数の業務を経験しないとこなせない
14	器用さは		%	とくになし		人並みよりも相当な器用さが前提となる
15	身体的な負担は		%	軽作業		肉体的にみて相当に疲れが出る
16	精神的な負担は		%	軽微		相当なストレスを余儀なくされる
17	時間外勤務は		%	原則としてなし		少なからずある／ときにその日の急な残業も求められる
18	休日出勤は		%	原則としてなし		あり得る／まれには前日になって急な出勤もあり得る
19	外部への説明は		%	とくになし		場合によって所管の役所や他社の管理職に対して行う必要がある
20	必要な知識は		%	経験がなくても一般的なもので可能		職能等級基準書の▲等級を参照／●●程度
21	必要な技能（スキル）は	全般	%	経験がなくても健康であれば可能		職能等級基準書の▲等級を参照／●●検定合格程度
		OA	%	ワード・エクセルの基本的な操作		自ら業務用のエクセルシートを工夫して作成することも求められる
22	研修会や講習会への参加は		%	とくになし		たびたびある
23	学歴からみると		%	業務内容からしてとくに問われない		大卒以上
24	コミュニケーション能力は		%	基本的な報告・連絡・相談が求められる		対外的にも高い応用力が問われる
25	工夫、企画など求められる業務センスは		%	とくになし		前提として高いレベルが問われる
26	異動は		%	とくに前提としていない		会社経営及びキャリア形成のためにも必要不可欠
27	業務に関連する資格は	経理の場合	%	簿記3級相当	簿記2級相当	簿記1級相当以上
	合計		100%			

92

第4章　役割・職務分析

第4章　ポイントまとめ

● "人"から"職務；仕事"に焦点を移していくうえで役割分析を行うことが重要

● 役割評価はベンチマーク方式によるのが一般的。点数づけを行うことにより、社内のポストを比較するプロセスを繰り返しながら役割分析の精度を高めていく

● 管理職の役割を複線型（ライン長・専門職・専任職）でとらえる

● とくに一般社員、パート社員の役割・職務分析は、"仕事"の面からの基準設定・分析が必要

第Ⅱ編　実際のトータル人事制度設計──コンサルティング事例から

第5章

昇格・昇進制度

昇格・昇進制度の見直しの方向性

課長　昇格というのは、等級が上位へ上がることですよね。この基準はどのように決めればよいでしょうか？

コンサル　一般的な基準、分かりやすく言えば選抜の方法ですね、これは**図表5-1**のように分けられます。またそのいくつかを組み合わせるケースも多いです。「コンテナ方式」の人事マネジメントを進めていくためには、「**クラス**」、必要に応じて「**等級**」ごとを１つの独立したコンテナとみることが必要になってくると言えます。

課長　当社は、現行制度では４年間在籍（在級）すれば、ほぼ全員に対して１等級から２等級、２等級から３等級へ昇格させていましたが、この自動昇格については今後どう考えていけばよいでしょうか？

図表5-1　等級別の昇格基準の設定例

	(1)滞留年数	(2)人事評価	(3)等級基準	(4)ペーパーテスト	(5)レポート(論文)	(6)語学力(英語)	(7)適性検査	(8)教育研修	(9)ヒューマンアセスメント	(10)自薦	(11)上司推薦	(12)役員面接
MⅡ		◎	○		○			○				○
MⅠ	○	◎	○		○		○	○	○		○	◎(社長)
S-2	○										○	
S-1	○	◎	○		○	○	○	○	○	△		◎
J-2	○	○	○			○		○			○	
J-1												

◎：重要　　○：必要　　△：場合によって実施

94

第5章　昇格・昇進制度

コンサル　結論から言えば、廃止すべきでしょう。また、対象となる社
　　　　　員からしても、今回の昇格は自動的に昇格したと分かれば、や
　　　　　る気も起きませんよね。
課長　　　確かにそうですね。
コンサル　具体的にA社にふさわしい昇格基準を挙げていきましょう。

昇格基準・昇格判断の方式

（1）昇格条件設定
コンサル　まず、昇格の候補となる前提としての条件を設定するものです。

■最短滞留年数の設定

【例】：J-2級に最短で4年滞留しないとS-1級への昇格の前提条
　　　件としない。

　　滞留年数についてこれは必要です。ただし、設定年数につい
ては一般的にはより短くしていく傾向にあります。長くても3
年以内といったところでしょうか？　極端に言えば、これから
の人事では1年以上ということでもよいかも知れません。

（2）人事評価の反映
コンサル　**人事評価結果を適正に反映させていくこと**が、これまで以上
　　　　　に問われてくるのは間違いありません。
　　　　　　まずは1年間の総合評価を、最低1年以上反映することが挙
　　　　　げられます。

【例】：成績・勤務態度評価1年分に、直近の能力評価を加えて、100
　　　点満点に置き換える。70点であれば昇格可、ただし1項目で
　　　もCランク（現行3点以下）以下があれば不可とする。

課長　　　1年で完結するものではないということになりますが、これ
　　　　　についてはどのように設定すればよいでしょうか？

95

第Ⅱ編　実際のトータル人事制度設計──コンサルティング事例から

コンサル　「人事評価持点主義」と言って、以下のように累積で判断する
　　　　　企業もなかにはあります。

【例】：J-2級で持ち点20点になればS-1級に昇格する。
　　　　1年間の総合評価について［S＝7点・A＝6点　……とする］

課長　　　なるほど、でも当社では評価制度がまだ公正に公平に実施さ
　　　　　れているとは言えないので難しいかも知れませんね。
コンサル　となれば今回の制度改定のさらに次の段階で考えましょう。
　　　　　これもステップアップの方針に沿って大事なことです。

(3) 等級基準書の活用

課長　　　今回の制度改定に伴って、等級基準書も整備することになり
　　　　　ますが、これと昇格との関係についてはどうでしょうか？
コンサル　等級基準書については、より精緻なものであるに越したこと
　　　　　はないですが、必要以上に凝ったものを目指しても形式に走っ
　　　　　てしまいがちです。以前は、基準書策定のコンサルだけで4～
　　　　　5か月もかけて調査、分析を行ったことも珍しくはありません
　　　　　でしたが、どうしても抽象的な表現のものとなってしまいます。
　　　　　　しかし、**制度の基本基準であることは間違いなく、むしろ、**
　　　　　これをもとに実際にどのように運用していくかということの方
　　　　　が重要なのです。
課長　　　参考資料で、卒業方式と入学方式があるとあったのですが？
コンサル　はい、「卒業方式」とは、その時の等級に要求するレベルをク
　　　　　リアすることを条件とする方式で、管理職ではない層について
　　　　　多くみられるものです。

【例】：J-2級の社員のうち、同等級の等級基準書において実際に担
　　　　当している代表的な業務の80％以上が独力でこなせるように
　　　　なり、かつ関連する能力基準における応用レベルまで習得で
　　　　きている段階と判断される者はS-1級の昇格候補者とする。

　　　　　もう一方の「入学方式」とは、1つ上位の等級の基準からみ

第5章　昇格・昇進制度

ても既に等級の一定のレベルまで達していることを昇格条件とするもので、管理職や専門職（スペシャリスト）などの高い階層に設定されるものです。

【例】：S-2級社員のうち、属する職掌の等級基準書からみて、現等級を卒業可と判断され、またMIクラスにおいて担当している代表的な職務のうち50％以上できるとみなされ、かつ関連する能力要件のうち50％理解できると判断される者は、MIクラスの昇格候補者とする。

　ここで言う卒業方式から入学方式、すなわち「卒業基準」をクリアしたうえで、さらに「入学基準」にまで到達しているかどうかの判断も加えていくことが今後望まれてくると言えるでしょう。

（4）ペーパーテストの活用

課長　　先生、当社のような中小企業でも、昇格の際に筆記試験など行う会社はあるのですか？

コンサル　はい、多くはありませんが、なかにはあります。間違いなく言えるのは、それらの会社は人事マネジメントに熱心な企業であることですね。筆記試験とは、ペーパーテストということですが、現在の等級の要求する能力基準をとくに知識レベルで満たしているかを客観的にみるものです。いわば最低基準としての設定ということになるでしょう。内容については、**図表5-2**のとおりです。

図表5-2　昇格昇進のためのペーパーテスト例

・業務知識・学術知識・ビジネス教養（一般教養・時事問題等）・経営学知識
・管理職としての知識・経営方針の理解度・諸規程の理解度等
　実施様式としては以下に分類される。
　　○×方式・択一方式・字句挿入・語句／用語解説・短文回答・計算等

97

第Ⅱ編　実際のトータル人事制度設計──コンサルティング事例から

（5）レポートの活用

課長　　試験だけでなく、レポートの提出を求める企業もあるということですが、これについてはいかがでしょうか？

コンサル　レポートは、ペーパーテストではつかめないところを、文章の構成力を通じてみようとするものです。日常の業務からは離れてどのような課題認識を持っているかを評価するという点では意味があるでしょう。これについては、事前に課題を与えて締め切り日までの提出を求める「宿題方式」と当日に一定時間缶詰めとなって記述してもらう方式があります。また、後者の当日作成方式では、参考資料を持ち込み可とする場合もあります。大学生のレポート試験と同じですね。

　　　　　審査項目と着眼点については、**図表5-3**のとおりです（「レポート審査評価表」の見本は**104頁**の〔**資料A**〕参照）。

課長　　設定する課題については、どのようなものが適当でしょう？

コンサル　例えば、次に挙げられるようなものがあります。

図表5-3　審査項目と着眼点

審査項目	着眼点
チャレンジ性	改善志向、革新意欲は十分あるか
独自性	自己独自の見方・考え方はあるか
現実性	職場と職務の関連より実現可能か
確実性	解決の見通し、方法、スケジュール等の設定は確実か
期待成果	予想される成果や影響の大きさはどうか
創造性	内容は単なる知識の寄せ集めやコピー＆ペーストではなく自分なりの見解を成しているか
論理性	構成は筋道立っているか
表現力	簡潔で分かりやすく適切な用語を使い、誤字や脱字もなく、丁寧に書いているか
視野の広さ	広い視野からみて深く掘り下げているか
問題認識力	物事を直視し、的確にとらえているか

第5章　昇格・昇進制度

> 【例】・「地域の業界動向と当社の位置づけ及び課題について」
> 　　　・「今後の新商品開発と実践に向けての独自の考察」
> 　　　・「担当部署内の問題点と改善すべき複数の施策について」
> 　　　・「業務効率向上に向けたこれまでとは異なる切り口からの改善策について」
> 　　　・「今後の自己のキャリア開発目標の設定と実行宣言」など

（6）面接の実施

課長　　　昇格を決定するにあたっては面接を実施することも当然必要だと思うのですが、これはどのように考えておけばよいですか？

コンサル　はい、最後の押さえが、ペーパーテストやレポート試験の限界を補うもので、主として人間的側面をみるものです。昇格を最終的に決定するにあたっては大変重要となります。管理職層を始めとしてとくに上位等級への昇格の際には必須でしょう。合否の判断は会社側の裁量権限であることは当然です。ただし、これまでとは違って面接の基準をきちんと作成し、また記録にとっておくことも必要になってくるのではないでしょうか？

多面的に評価することをねらいとして、面接官は直属の上司（一次評価者）以外の複数の役員で臨むことが望ましいと言えるでしょう。面接のポイントには、①**マネジメントレベルでのマインドの程度**、②**倫理観、コンプライアンス**、③**バランス感覚**、④**包容力**、⑤**迫力**、⑥**自信**、⑦**視野**、⑧**人柄**などがあります（「昇格時面接採点表」の見本は**105頁**の〔**資料B**〕参照）。

（7）教育研修の反映

コンサル　次に会社が義務づけた研修（社内研修・外部研修・通信教育講座）を履修したかどうかを昇格の基準とすることも考えられます。

課長　　　参加すればそれでよしとなるのでしょうか？

99

第Ⅱ編　実際のトータル人事制度設計——コンサルティング事例から

コンサル　企業のなかには研修に参加したときの理解度についてのテストを実施したり、関連する資格取得まで結びつけるなど厳しい基準とするところもあります。

【例】：J - 2 級以上の社員について、当社が指定する研修（もしくは総務部が業務に関連する研修としてとくに追加で認めたもの）の受講歴について、昇格の際に別記のとおり加点する。

【例】：S - 2 級への昇格にあたっては、原則として英語講座を受講し、TOEIC 550点以上を取得することを要する。

（8）資格の反映

課長　　　今お話のあった資格についてはどうでしょうか？　当社は製造業ということもあり、関連する資格も多いのですが……。

コンサル　資格についてはよくご質問を受けるところです。とくにA社など製造業で技能職が多い職場ではそうですね。資格を基準とすることは、本人に対して取得の目標意識を明確にし、やる気にもなるので効果が期待できます。ここでは、その資格が業務にどの程度関係があるかどうかということが問われることになりますね。一般的には、公的資格を中心としますが、国家資格だけでなく場合によっては民間資格も含めて、熱心な企業では会社独自に認定する社内検定資格制度を設けるところもあります。

【例】：経理業務を 2 年以上担当する者は、S - 1 級への昇格にあたって原則として簿記 2 級を取得しなければならない。

【例】：製造部の技能職における J - 2 級在籍者のうち S - 1 級の昇格候補となる場合には、別表に挙げる所定の資格のうち、3 資格を取得する者は 5 点、2 資格を取得する者は 2 点を加点する。

課長　　　それでは、早速現場と協力して資格リストを作ってみたいと思います。

コンサル　はい、独自の基準を作っていきましょう。ちなみに資格につ

100

いては昇格基準のみならず、資格手当についても関連してきます。賃金設計のところでもう一度考えましょう。

図表5-4 業務関係資格・自己啓発資格リスト例

区分		資格名	研修受講	試験			備考
			有(日間)	筆記試験有	実技試験有	合格率	
業務に関連する資格	業務に必要不可欠であり、社員の名前の届出義務のある資格	防火管理者					
	(事業所に所属する担当社員にとって)取得していないと業務そのものが遂行できない資格	フォークリフト					
	担当業務上取得していることが望ましい資格(事業所員のうちの誰かが資格を持っている必要がある場合、他)						
	その他						
自己啓発資格	業務上必要とはいえないが会社として積極的に取得を薦めたい資格						
	会社として参加を薦めたい外部機関への派遣型研修						
	会社として参加を薦めたい通信教育						
	その他						

101

第Ⅱ編　実際のトータル人事制度設計──コンサルティング事例から

（9）アセスメント、多面評価の活用

課長　　他にもまだ考えられるでしょうか？

コンサル　例えば、大企業が中心にはなりますが、「ヒューマンアセスメント」なども昇格基準の１つにしている企業もあります。ヒューマンアセスメントとは、社員個人の潜在能力を事前に発見することをねらいとしたものです。人事評価が直属の上司からの評価であるのに対して、ヒューマンアセスメントは、一般的には外部の複数の専門家、これを「アセッサー」と言いますが、心理学などを採り入れた演習課題を通じて参加者の隠れた能力を観察して評価するものです。日頃気づかない部下の特性や能力を発見していくことがねらいです。管理職への昇進の際に参考として用いられることもあります。

課長　　分かりました。人事評価に関連してということであれば、当社では役員が多面評価制度にも関心があるのですが……。

コンサル　多面評価は、直属の上司とは異なる関係部署の上司や同僚、場合によっては部下や顧客からのまさに多面、360度からの評価を受けるものです。ただし、実際に評価についての事実関係を十分に把握できるか、その能力も含めた適性があるかどうかについては疑問もあります。

　　　　　したがって、ヒューマンアセスメントも多面評価も、人事評価を補うということを前提にサブ的・限定的に行うということであればユニークで良いかも知れませんね。

課長　　"出る釘を伸ばし育てる"方式で、これまでは埋もれていた人材の発掘にもつながるかも知れません。

（10）推薦、自己申請の反映

コンサル　あとは推薦を基準としてどう位置づけるかですね。まず、上司による推薦ですが、総合的に推薦状を提出させるものです。人事評価の一環として同じタイミングで提出させている企業もあります。

課長　　上司との人間関係も影響するかも知れないので、その点は要

注意ですね。

コンサル　推薦となると、自己申請も一応考慮する余地はあるでしょう。これまでは必ずしも一般的とは言えませんでした。日本人特有の控えめな態度にはなじまなかったということかも知れませんね。

　　ただ、**同一労働同一賃金時代に向けて、コース転換や職掌変更のときには、この自己申請を採り入れることも今後の検討の余地は十分ある**と思います。

第5章 ポイントまとめ

- 昇格基準はこれまでの年功的な「自動昇格」をやめ、コンテナ方式で進める
- 等級基準書の作成は必要だが、作成そのものにこだわりすぎず、これを実際にどのように運用するかが重要
- 昇格基準とされるペーパーテスト、レポート、面接、教育研修・資格などでは、審査項目や着眼点を明確にする

第Ⅱ編　実際のトータル人事制度設計——コンサルティング事例から

〔資料A〕

レポート審査評価表の例

評定日：　　年　　月　　日　午前　　　　　受験者：＿＿＿＿＿＿
　　　　　　　　　　　　　　　　午後　　　　　部　課：＿＿＿＿＿＿

評定者：＿＿＿＿＿＿＿＿＿＿

得点	合否

	設問の趣旨に沿って書かれているか。　　　　□いる　　□いない			
表現	文章はすっきり分かりやすく書かれているか。	＋5 適切に述べてある	0 文章にはほぼ欠陥がない	－5 表現に稚拙さがみられる	
内 容	1. 論理性：筋を通して述べているか。	＋5 筋道がたっている	0 一応欠陥がない	－5 飛躍や矛盾がみられる	
	2. 批判力：広い視野からみているか、また深く掘り下げてみているか。	＋5 視野が広く観察が深い	0 一通りは述べている	－5 視野が狭く観察が不十分である	
	3. 創造力：内容は単なる知識の寄せ集めでなく自分なりの見解を成しているか。	＋5 整然とした独自の見解を持っている	0 一応要点をとらえている	－5 的外れで身についた見解となっていない	
その他	（特に必要と認められる評定すべき要素について）	＋5	0	－5	
全体評価	昇進しようとする職務に就くのにふさわしい知的特性（主として自己の考え方の論理的構成力に関して）の程度は？ 80　　75　　70　　65　　60　　55　　50　　45　　40 極めて　かなり　比較的　いく　普通　いく　比較的　かなり　極めて 優れて　優れて　優れて　らか　　　らか　劣る　　劣る　　劣る いる　　いる　　いる　　良い　　劣る				
備考：					計

104

第5章　昇格・昇進制度

〔資料B〕

昇格時面接採点表の例

項　目	非常に高度である	高いレベルにある	標準レベルにある	やや問題がある	劣　る
経営感覚	2 0	1 5	1 0	5	0
責任意識	2 0	1 5	1 0	5	0
係数感覚	2 0	1 5	1 0	5	0
問題の認識	2 0	1 5	1 0	5	0
視野の広さ	2 0	1 5	1 0	5	0
総合評価					

従業員番号　　　　　氏名　　　　　　　　所属　　　　　　受験等級

年齢　　　　学歴　　　　　　勤続　　　　　　現等級

面接実施年月日　　　年　　　月　　　　日

面接者　　　　　　　　　　印

第Ⅱ編　実際のトータル人事制度設計――コンサルティング事例から

〔資料C〕

昇格審査表（チェックシート）の例

作成年月日　　年　　月　　日

所属部署	役職位	等級(クラス・級)	社員番号	本人(被対象者)氏名	一次評価者
					二次評価者

Ⅰ．担当した業務の難しさ
本人の能力に比較して、担当した仕事の内容はどうだったか
　　a. 非常に難しかった
　　b. やや難しかった　　　　　　　　　　　　　　　　　一次評価者　　　二次評価者
　　c. ふさわしかった
　　d. 少しやさしかった
　　e. かなりやさしかった

Ⅱ．業務の環境
担当業務を行うにあたって環境はどうだったか
　　a. 非常に厳しかった
　　b. 少し厳しかった　　　　　　　　　　　　　　　　　一次評価者　　　二次評価者
　　c. ふさわしかった
　　d. 恵まれていた
　　e. 非常に恵まれていた

Ⅲ．担当職務の割当状況
現在担当している仕事は、本人の所属等級(役職位)にふさわしいものか
　　a. 現在の担当は在籍等級より上位の仕事が半数を超えている
　　b.　　〃　　　　より上位等級の仕事が3割以上占めている　一次評価者　　　二次評価者
　　c.　　〃　　　　にほぼふさわしい仕事である
　　d.　　〃　　　　より下位等級の仕事が3割以上を占めている
　　e.　　〃　　　　より下位等級の仕事が半数を超えている
＊c以外の場合、その理由

一次評価者	二次評価者補足

Ⅳ．能力基準の到達レベル
所属等級で求める職務からみた能力(スキル)基準から判断すると、
　　a. ほぼ完全にできる段階といえ、上位等級からみても既に5割以上達している
　　b. 所属等級でみると(以下同様)、8割以上は達している　　一次評価者　　　二次評価者
　　c. 6割以上は達している
　　d. まだ十分な段階とはいえない
　　e. まだ任せられる段階ではなく、上司や上級者のその時々の具体的な指示、援助が必要である

Ⅴ．昇格推薦
　　a. 今すぐに自信を持って推薦できる　　　　　　　　　　　　　　　　　　　　　　決定
　　b. 条件付きで昇格させたい(以下の備考欄へ条件を記述のこと)　　　　　　　　　　○ 昇格
　　c. 順調にいけば来年度には期待できる　　　　　　一次評価者　　　二次評価者
　　d. まだ努力を要する　　　　　　　　　　　　　　　　　　　　　　　　　　　　○ 非昇格
　　e. 現状では遠く及ばない

Ⅵ．備考

一次評価者	二次評価者	決定

106

第6章　月例賃金制度

第6章

月例賃金制度

■■■■ 基本給・諸手当設計【4か月目】 ■■■■

■賃金の基本的な考え方

課長　先生、今後の賃金制度はどのような方向になってくるので
しょうか？

コンサル　はい、一言で言うと、「**"ヒト；人"基準すなわち能力給、"仕
事"基準すなわち役割給、"結果"基準すなわち業績給の３つの要
素を、適正に柔軟性をもって組み合わせていく**」ということに
尽きます。

新しい賃金制度の設計を考える前に、賃金体系全体からあら
ためて考えてみましょう。

賃金体系全体から

■賃金カーブを描く

コンサル　賃金については中長期的な視野で考え、体系としてどうとら
えるかが重要となります。

同一労働同一賃金に向けて総合職からみてみましょう。

総合職は組織のマネジメントを担う人材であるとともに、広
い意味での社内スペシャリストです。この層の従来の年功型の
賃金カーブはＳ字カーブだったわけですから、新入社員から定
年とまではいかなくても相当の長期にわたって勤め上げること
により退職金も含めて元をとるシステムだったということです
ね。しかしながら、これからの同一労働同一賃金のもとでは、
「生涯賃金」という見方が成り立たなくなっています。これをま
ずは**中期決済型へと見直す**必要があります。

107

課長　　中期決済型とは何ですか？

コンサル　はい、例えば3年または5年とか、**一定の期間からみて貢献した度合いに応じて社員に還元していくシステム**ということです。

課長　　当社では技術開発職掌のなかに新製品の研究開発に携わる社員が、5名います。このような社員についてはどう扱うのが適当でしょうか？

コンサル　はい、中期的雇用のプロフェッショナル型の高度専門職群と言えるかと思います。いわゆるキャリア採用の即戦力として、高い貢献度を期待するグループとなります。このグループには今後、年俸制なども選択肢にとり入れ、いわゆるハイリスクハイリターン型の処遇としていくことも考えられるでしょう。ただし、すぐに難しければ3年後の課題として挙げておきましょう。

　　　　さらに、パート社員を含む契約社員が無期雇用に変わった後の処遇についても、総合的に見直していかなくてはなりませんね。

　　　　図表6-2でお分かりのように、能力主義のもと、ラッパ型に開いていくように設計します。

図表6-1　年功カーブから貢献度カーブへ

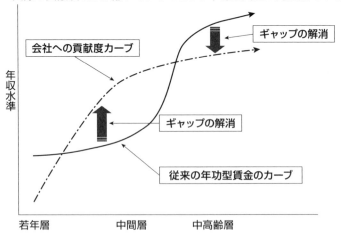

図表6-2 新しい賃金体系の水平イメージ

これからは、階層別に個人の希望に応じられる複合型賃金体系が主流になる

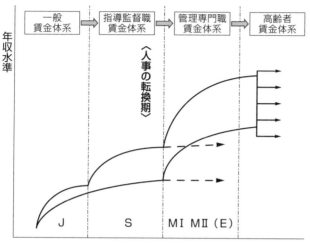

　以上から、これからの同一労働同一賃金時代における賃金のあり方を一言で表すと、「**能力開発を推し進めていくなかでA社流の能力主義をより強化し、個々の担当役割に応じて成果（業績）を適切に反映させていく合理的で説明可能なシステム**」になるでしょうか。

課長　となると、若くても能力が高い社員は、抜擢人事などを積極的に行い、賃金もそれにスライドして相応に高くなるが、高齢で既に高い水準になっている社員については担当する仕事に沿って合理的に見直していくことになるでしょうか？

コンサル　そのとおりです。

複合型賃金体系としてとらえる

■賃金の3つの要素

コンサル　基本的なことですが、もう一度、賃金の要素から追ってみま

第Ⅱ編　実際のトータル人事制度設計──コンサルティング事例から

しょう。

課長　　先生、要素別の性格づけからということですが、これまでの年齢給や勤続給というのはどこにあてはまるのですか？

コンサル　大事なところに気がつきましたね。同一労働同一賃金に向けて、年齢給はもう必要ではないと言ってよいでしょう。なぜならば、年齢はすべての従業員に共通のものです。属人的で、賃金に差を設けようのない性格のものであり、既に多くの企業では統廃合を進めてきていますが、今後はなくなると思います。ただし、だからと言って、私は差をつければそれでよいと言っているわけではありません。年齢給では賃金の差について合理的な説明ができないということです。

課長　　勤続給についてはどうですか？

コンサル　勤続給は年齢給に近いものですが、一部存続することもあるかも知れません。

課長　　それはどのような場合ですか？

コンサル　例えば、定着率がかなり低く、3年経てばあとは何とか定着がみえてくるといった業種や職種などでしょうか。ただし、採用難のこの時期に「途中入社はハンディになりますよ」と言っているわけであり、限定的なものにとどめるべきでしょう。ずっと長くアップさせていくということはなくなるでしょうね。

課長　　分かりました。能力給はどうでしょうか？

コンサル　「能力給」は能力開発の度合いを賃金に反映したものです。一般的には職能給と言っています。

①　能力給

コンサル　まず、能力給を賃金カーブからイメージしてみましょう。

　　　　　　能力給は、社員の能力の伸びの大きさを評価し、その到達レベルに応じて賃金を決定するものです。とくに最初の段階は右肩上がりでアップしていきますが、中堅クラスになれば能力主義のもと、格差が急速に拡大していくことになります。ただし、能力給には年功的な要素を含んだ穏やかなものから、メリハリ

110

第6章　月例賃金制度

図表6-3　賃金の基本要素

年功給 (年齢給・勤続給)	能力給(職能給)	役割給(職務給)	業績給
〈属人的要因〉	〈仕事をする人〉 ➡	〈仕事の過程〉 ➡	〈仕事の結果〉
年齢や勤続が高く、長くなったことに対して支払う	能力が高くなったことに対して支払う	担当する仕事の付加価値に対して支払う	期間ごとの成果に対して支払う

図表6-4　能力給（職能給）とは〔多様〕

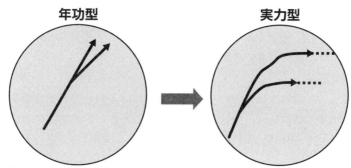

（年齢給、勤続給などの属人給に近い）

　　　　　を大きくつけた実力強化型とかなりの幅があり、企業それぞれの制度や運用次第で大きく異なってくるものです。

課長　　当社も以前より基本給は職能給となっていましたが、評価制度が必ずしも十分ではなく、年功的なものとなっていたようです。

コンサル　はい、先ほどの賃金の3要素には、年齢給などの属人給（個々の社員の属性に対して支給する賃金）は既にありません。なぜならば、能力給は属人給と仕事給の中間に位置しており、能力給にはおのずから経験に裏打ちされたという年功的な要素も当

111

然に含まれているからです。すなわち、新しい賃金制度の設計にあたっては、**能力給に年齢給のダブルカウントはもう必要ない**ということです。

② 役割給

コンサル 次に役割給をみてみましょう。

役割給は、ヒトと言うよりもその担当する仕事に目を向けたもので、仕事の大きさや責任の重さを評価して決定するものです。仕事の価値が上がればその時に昇給、ダウンすればその時点から降給、変わらなければ維持というきわめて合理的で明快な賃金です。ただし、降給の場合には、不利益変更の問題が出てくるので注意が必要となります。

課長 昇進発令など異動配置のときは、その時から変更になるということでしょうか？

コンサル はい、その点は大事なポイントです。異動配置は会社が一方的に発令するものですね。だからこそ、社員の納得性とモラール維持の面での配慮が欠かせないのです。

③ 業績給

課長 業績給は、どのようにとらえればよいのでしょうか？

コンサル 業績給は、全社もしくは組織ごとの一定の期間の業績をとらえ、その構成員に還元する原資をまず決定し、一定の配分ルール

図表6-5 役割給とは

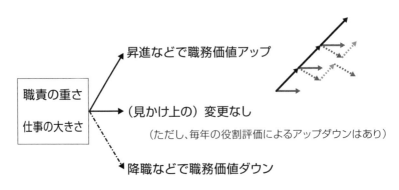

図表6-6 業績給とは

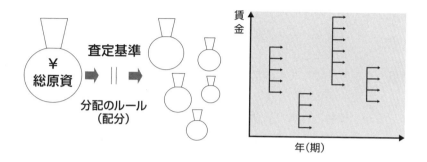

を決めて、各人の貢献度に応じて分配する賃金です。したがってメリハリがつきやすく、また会社としては実際に挙げた業績の一部を対象者に還元するというきわめて合理的な賃金です。もう1つ特徴としているのは、毎期毎期が不連続で、その都度キャンセルされるということです。

課長 役割給は担当する役割価値を評価して決定されるということでしたが、業績給はその結果を評価して決定されるわけですね。となると、役割が大きくならなければ大きな業績も期待できないということですね。

コンサル はい、そのとおりで、役割給と業績給には相関関係があり、実際に役割業績給として合体させることも少なくありません。と言うより、本来はそうみるのが自然でしょうね。

　以上、3つの要素からみてみましたが、会社側及び社員側からみてそれぞれのメリット及びデメリットがあります。このことを十分に考え、**それぞれ対象者の階層や職掌ごとに区分したうえで最適な組み合わせ**を行っていかなくてはならないというのが結論です。

第Ⅱ編　実際のトータル人事制度設計──コンサルティング事例から

年収単位で賃金要素をとらえる

コンサル　以上の３つの賃金をＡ社の実態に応じて、年収単位で最も適した組み合わせによる「**複合型賃金体系**」として再設計を行っていきましょう。

課長　　月々ではなく、年間でとらえることにどのような意味あるのですか？

コンサル　はい、月々の賃金にはこれでもって生活給ととらえるという性格がいまだ強いです。したがって、賞与の特性をこれまで以上に活かして年間で合理的に反映していくことが重要です。決して設計で終わるものではなく、階層別また職掌別にその特性に応じて運用を図っていくことになります。

課長　　運用となると、評価制度がどうなるのかにもかかってきますね。

コンサル　はい、まったくそのとおりです。

■複合型の人事賃金体系を目指して

課長　　では、賃金要素の実際の組み合わせについては、どのようにみればよいですか？

コンサル　はい、階層及び職掌ごとにみて、これを月例賃金だけでなく、夏と冬の賞与も含めて１年間の賃金で行うということをお話ししました。縦と横の次のマトリクス図（**図表6-7**）からみて整理してください。

　　　　　これからの賃金設計は、コース別にはもちろんですが、階層をどのように区分するかということが重要です。以下のようにとらえてみましょう。

① 　Ｊクラス

コンサル　新卒の初任給については、業種や地域ごとの相場がほぼ決まっています。多くの企業では、社会人としての経験がないところから始まり、最初は低くても、毎年の定期昇給によって段々と上がっていく仕組みが今後とも前提にはなるでしょう。この段階では、各人の適性や能力を見きわめて開発していく期間と

114

位置づけられるでしょう。

課長 　当社では第二新卒やそれほど社会人としての経験がない中途採用者もいます。これらはどのようにとらえればよいでしょうか？

コンサル 　昔も今も同様ですが、まずは**新卒の初任給をしっかりと押さえる**ことですね。これを起点として標準のモデルとしてみれば、中途採用の場合に、それぞれの実態に応じて次にどのようなルールとするのが適当なのかがみえてきます。運用面でしっかり押さえましょう。

② Sクラス

コンサル 　この段階では、適性と本人の意思も固まってきて、能力格差も明確に表れてくる段階です。ここでは能力給によりウエイトを置いた設計と運用を行います。ただし、能力主義を強く反映した実力主義型の、これまで以上にメリハリがつく能力給に変えていくことがポイントとなります。

③ MⅠ・MⅡ・(E)クラス

コンサル 　これまで培ってきたキャリアの発揮が期待される層ですね。本来は、**Mクラスへ昇格になった時点でゼロベース型の改定を行うべきだ**とも言えるでしょう。

図表6-7 複合型賃金（年間）のウエイト配分例

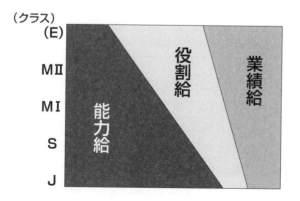

第Ⅱ編　実際のトータル人事制度設計──コンサルティング事例から

課長　　ゼロベースとはどういうことですか？

コンサル　はい、採用時から始まって、中途採用ももちろんですが、過去からそれまで引きずってきた賃金をいったんきれいにキャンセルし、Mクラスの初号額に位置づけるということです。その後は、さらに大幅なアップが期待できる一方で、ダウンも含め、柔軟で変動的な賃金体系になるように設計します。また、大事なのはこの段階では、**昇給額管理ではなく絶対額管理で行う**ということです。

課長　　絶対額管理とは何ですか？

コンサル　賃金の額が客観的にみて適正かどうか常にコントロールしていくことです。言い換えると、**アップのみならずダウンもある柔軟な賃金制度に変えていく**必要があるということになります。

課長　　先生が管理職年俸制も考えられると言われたのはこのことですね。

コンサル　はい、年俸制は支払い形態のことを言っているだけで、その中身は別の話になるわけですが、課長がおっしゃるように、生活給レベルは既に超えたうえで、個別にA社の考える賃金ビジョンに従ってダイナミックにということであれば、このクラスからでしょうね。なお、組織の統括責任者たるライン長とベテランスタッフとしての専任職、さらに高度専門職の3つに的確に分けたうえで、ということが鍵になります（管理職の複線型賃金制度）。

職掌別にとらえる

課長　　先生は、これからは階層だけでなく、職掌別の見方が避けられないと言われましたが、これはどういうことでしょうか？

コンサル　はい、「職種別賃金管理」が最近テーマとなってきています。実際に職掌（または職群とも言います）ごとの賃金の特性に注目してきめ細かく対応せざるを得なくなっているのが実情です。1つの会社でいくつもの体系が混在すると、異動配置(ローテー

116

第6章　月例賃金制度

ション）などの際に支障となるという見方も一方ではありますが、その場合には、例えば一部の手当や賞与から、その特性を活かした設計や運用をする方法を考えていく必要があるでしょう。

課長　当社では大卒の新卒採用も行っていますが、初任給は同一でないといけないのでしょうか？

コンサル　これについてはもう少し検討が必要ですが、これまでよりも柔軟に、職掌別に決めてもよいのではないでしょうか。例えば、技術開発職掌については必要であれば人材ビジョンにのっとって、他の職掌に先駆けて高くしてもよいのではないかと考えます。

図表6-8　職掌別賃金

職掌区分	特徴	能力給	役割給	業績給
製造	安定型	○	○	○部門
技術開発	個別対応型	◎	○	△中長期的視野
営業	個別メリハリ型 （やれば報われる）	△	○	◎（部門・個別）
業務	バランス型	○	○	○全社

手当の設計

コンサル　よく勘違いされるところですが、基本給を決めた後に手当を決めるのではありません。賃金設計では、**まず諸手当を決定し、残る原資から基本給を設計する**のが正しいやり方です。

課長　同一労働同一賃金ガイドライン案や最近の判例をみても正規と非正規の従業員の手当の格差が問題になっていますね。

コンサル　そのとおりです。手当をどうするかが実はこれから大変重要になってくるのは間違いありません。ところで、田中課長は手当の定義とは何だと思いますか？

課長　うーん、定義などあまり考えたことはないですね。基本給を補完するものということでしょうか？

117

第Ⅱ編　実際のトータル人事制度設計──コンサルティング事例から

図表6-9　まずは、諸手当の整備から

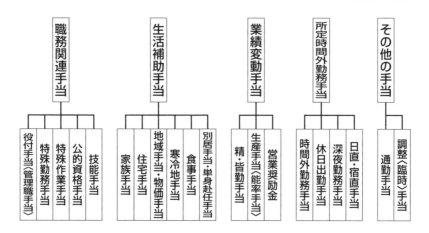

コンサル　はい、そのとおりですが、さらに「**明確な基準のもとに必要な人に必要な期間を限定して支給すべきもの**」ということも押さえておく必要があります。逆説的に言えば、必ずしも明らかとは言えないのが基本給ということになるわけです。実はこの明らかでないものには、例外としてもう1つあります。

課長　それは何ですか？

コンサル　はい、採用や新賃金制度への移行時などに暫定的に支給される「調整手当（調整給）」です。後でご説明しますが、調整手当についても、賃金設計にあたっては重要な鍵となります。では、手当のそれぞれの性格からみて整理してみていきましょう。

■生活補助手当

コンサル　最近の傾向として、家族手当、住宅手当など生活補助手当を採用する企業が減少してきていることが言えますね。

課長　それはなぜですか？

コンサル　賃金は本来仕事に関係することに支給すべきであり、属人的な要因に対して支給すべきではないという考え方が広まってきているからだと言えます。例えば家族手当ですが、とくに外資

系企業を始め、女性が活躍しているサービス業など新興の業種などではこの傾向がはっきり出ています。

課長　当社では家族手当として配偶者に15,000円、子供2人まで1人当たり5,000円支給しています。所得税法上の対象者に限ってはいますが……。

コンサル　少子化が大きな社会問題となっていますよね。これを受けて、むしろ3人目以降の子供に対する家族手当（扶養手当）を増額したり、また、これまでの家族手当とは異なりますが、3人目や4人目からは驚くような多額の祝い金を支給したりする会社も出てきています。一方で、配偶者については共働きが一般化して専業主婦という言葉がほとんど聞かれなくなってきている背景もあってか、対象から除外する企業も増えてきているようです。

課長　当社では、昔は「妻に対して」となっていましたが、男女雇用機会均等法違反ということで見直して「所得税法上の控除対象配偶者に対して」と改正した経緯があります。

　　　住宅手当についてはどうでしょうか?

コンサル　総合職コースをみてみましょう。皆が全国転勤の対象となるのであれば問題にはならないでしょうが、そうでなければ、現地採用で実質勤務地が限定されている社員との関係で必要であるという考え方もあると思います。地域によって賃金水準の差が歴然としているのも事実ですからね。一方で、これは福利厚生制度ですが、転勤者には「借り上げ社宅」制度があります。転勤になって一定の期間は当然ですが、何年もたってくると現地採用の社員との整合性をとるために会社負担を徐々に減額するなどのルール決めも必要になってくるでしょう。これらのことなど、これからは全体のバランスを重視して、社員から説明を求められたらきちんと答えることができるようにしておかなくてはならなくなってきます。

課長　人事担当の立場からすればますます大変になってきますね。

コンサル　実は、手当ほど会社としての明確な企業ポリシーを打ち出せ

119

第Ⅱ編　実際のトータル人事制度設計──コンサルティング事例から

るものはないのです。先ほどもご説明しましたが、他の企業以上に家族を大事にしているメッセージの表れとして家族手当を増額するという企業もなかにはあるのです。ただし一方で、これからは非正規社員との整合性も含めて考えなければなりません。手当は正社員のみでよいという時代は終わりました。

■職務に関連する手当

課長　　他に留意すべき手当は何でしょうか?

コンサル　管理職手当や役職手当については、役割給として見直すことについては既に述べました。次に、最近注目されているのが、(公的)資格手当ですね。資格は、会社ではなく直接社員本人に帰属するものなので、モチベーション策としても大変有効です。資格は本来、会社を辞めても会社に返すものではないですからね。また、資格については、合格時の奨励金や、勉強のために学校等に通うのに必要な援助、または有給の試験休暇などバリエーションを持たせることも検討の余地があります。

　　　　　また、資格のなかには、「毒物劇物取扱責任者」など本人の名前を使って役所に届け出なくてはならないものがあります。これらについては対象となる社員に実際に仕事の責任が伴って負荷がかかるので、その届出期間において一定の手当を支給する意味は十分にあると思います。

課長　　ところで最近、時間外手当の先払い分としての話をよく聞きますが……。

コンサル　例えば、勤務手当や職務手当など呼び名はまちまちで、ズバリ固定残業手当としているところもあります。例えば、J・Sクラス以下の営業職など外回りが中心の社員に対して、月15ないし20時間程度の一定の時間外勤務手当を支給することが少なからず行われています。これについての是非は判例などをみても事例によって微妙に判断が分かれるところなので、今後の動向に注意しなくてはいけません。また、言うまでもないことですが、実際の時間外や休日出勤時間で計算した額が勤務手当の額

120

を超える月においては、超過額について支給することを賃金規程に記述したうえで適正に運用していかなくてはなりません。

課長　先ほどの調整手当についてはどうでしょうか？

コンサル　調整手当は、新賃金制度への移行などにあたって、基準内賃金の総額が減額となる社員に対して、その減額分を一定期間補填するものです。重要なのは永続的に支給しなくてはならないものではなく、一定の期間をかけて減額調整していくことです。

課長　その場合、どのように行えばよいのでしょうか？

コンサル　はい、能力給や役割給が昇給となった場合には、原則として昇給額に相当する額を相殺していくことが考えられます。

　また、賃金規程には、以下のように明文化しておく必要があります。

　△年△月末時点において調整手当の残額があった場合には、同年4月分の賃金より一定分（例；3分の1の額とするが、ただし□万円を限度とする）を毎年償却し、原則として△年△月をもって廃止する。

基本給の設計

課長　いよいよ本丸の基本給ですが、どのような構想で設計していけばよいでしょうか？

コンサル　基本給の設計にあたっては、これも階層別にどのように区分するかが重要になってきます。

■基本給の考え方

コンサル　**図表6-10**をみても分かるように、まだ職務経験が浅いJクラスなどは能力給を中心としますが、徐々に役割給にウエイトを置き換えていくような仕組みを避けては通れません。ここで、一般企業の調査結果を参考にしてみましょう（**図表6-11**）。

能力給は過去の遺物だと誤解している人もいるかも知れませんが、安定した雇用を前提とすると、これに適応するのが能力給であることは今でも変わりありません。ただし、先ほどご説明したように、能力給とは言ってもきわめて多種多様であることには注意が必要です。

図表6-10　基本給の設計方針

クラス	基本給の考え方
(E) MⅡ MⅠ	役割給中心
S	（実力型）能力給＋役割給
J	（年功型）能力給中心 ※年功（勤続功労）的要素の残る

図表6-11　正社員の基本給項目

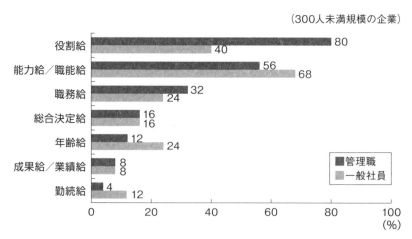

（300人未満規模の企業）

項目	管理職	一般社員
役割給	80	40
能力給／職能給	56	68
職務給	32	24
総合決定給	16	16
年齢給	12	24
成果給／業績給	8	8
勤続給	4	12

資料出所：「人事制度の実施・改定状況調査」（労務行政研究所/2016.11調査、労政時報3928号19頁）

第6章　月例賃金制度

■能力給の整備

① 基本給表の設定、運用

コンサル　能力給の基本形からご説明しましょう。重要なことは、**等級
　　　　ごとに設定範囲を決めて、毎年の昇給評価に応じて昇給額を決
　　　　定する仕組みとする**ことです。昇給額が停止となる上限額を設
　　　　定し、必要であれば二次昇給の範囲についてもあわせて設定し
　　　　ます。

課長　　　目でみると分かりやすく、シンプルですね。ここで言う二次
　　　　昇給とは何ですか？

コンサル　「張り出し昇給」とも言われているもので、一定の範囲を超え
　　　　ると昇給額を抑えるように設定します。例えば昇給額を標準の
　　　　２分の１とするなどです。さらに三次昇給を設定して、標準の
　　　　昇給額の３分の１などとすることもあります。

課長　　　号表に細かく設定する必要はないのですか？

コンサル　一部の製造業などを除いては、最近では少なくなってきてい
　　　　ると思います。等級ごとに範囲についてはしっかり決める必要
　　　　はありますが、会社業績を考慮し、毎年のベースアップも含めて
　　　　より柔軟な運用を行うように変わってきている傾向がうかがえ
　　　　ます。なかには等級ごとにピンポイントでミッドポイント（中
　　　　間の基準となる額）として決めているところもあります。ただ
　　　　し、下位等級では段階号俸表（**128頁**参照）などで決める方が
　　　　望ましいでしょうね。

課長　　　それはなぜですか？

コンサル　契約社員からの転換者などのことを考えると、多様であって
　　　　も対応できるように、また客観的に説明できるように、きめの
　　　　細かい運用が必要になってくるからです。さらに当分はとくに
　　　　Ｊクラスなど範囲も大きくとる必要があると思います。
　　　　　定期昇給の考え方自体、昔とは変わってきているのも事実で
　　　　すが、欧米とは異なって日本では高卒や大卒などの初任給を起
　　　　点としてまだまだ低い額に設定している以上、当然ですが、定
　　　　期昇給的な運用は今後とも避けては通れません。

123

第Ⅱ編　実際のトータル人事制度設計——コンサルティング事例から

図表6-12　基本給の昇給設定例

クラス一級	標準昇給範囲設定例			(標準を超えて)二次昇給範囲	
	初号額	上限額	B(基準)評価昇給	最上限額	B(基準)評価昇給
S-2	280,000	320,000	5,000	350,000	2,500
S-1	230,000	270,000	5,000	300,000	2,500
J-2	186,000	230,000	5,000	250,000	2,500
J-1	170,000	200,000	4,000	220,000	2,000

　　　　まず、**図表6-12**をみてください。分かりやすい例からご説明
　　しましょう。簡単です。
　　　　Ｊ-2級に在籍する社員のうち、186,000円以上、23万円未満
　　の範囲で、昇給の評価結果が標準のＢ評価であった者について
　　は、5,000円の昇給ということを前提としています。
課長　　　23万円以上であればどうなりますか？
コンサル　Ｊ-2級の社員で23万円以上、25万円未満で、昇給評価（査定）
　　　　結果が標準のＢ評価であった者については、2,500円の昇給とな
　　　　ります。
　　　　　さらに、Ｊ-2級の社員で25万円を超えるものについては、評
　　　　価結果にかかわらず昇給の対象とはなりません。
課長　　　これまでの当社の昇給のやり方からすれば、この額のみでは
　　　　ちょっと厳しいかも知れません。
コンサル　その場合には、表にはありませんが、若干アップさせるよう
　　　　にすることも考えられます。事実上、ベースアップの延長のよ
　　　　うになります。
課長　　　昇給査定についてはどのように反映すればよいのですか？
コンサル　Ｊ-2級の社員のうち186,000円〜23万円の範囲内で、昇給評
　　　　価結果が優秀なＡ評価であった者については、5,000円の2割増

図表6-13 基本給設定範囲例

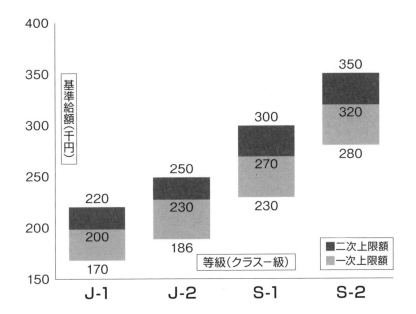

し、すなわち120％の6,000円の昇給額で決定ということになります。また、同じくJ-2級で、昇給評価結果が基準に達しないC評価であれば、5,000円の8掛け、80％の4,000円の昇給ということになります。

課長 なるほど簡単ですね。でも当社の経営陣はもっとメリハリをつけたいと考えていると思います。

コンサル 今ご説明したのは2割展開という一般的な設定方法から来ているものなのです。これも会社のポリシーに関わることなので、

図表6-14 基本給昇給評価例

評価	昇給額
A評価（優秀）	B（標準）の昇給額×120％の額
C評価（問題あり）	Bの昇給額×80％の額

第Ⅱ編　実際のトータル人事制度設計——コンサルティング事例から

A社に合う査定基準を設定すればよいのです。ただし、モデル賃金との整合性を考えなければなりませんが。

あわせて、本来は定期昇給は制度として実施すべきですが、規程には、以下のように記述しておく企業も増えてきました。先行きが不透明なときに、定期昇給が難しいときもあるかも知れませんからね。

> ただし、会社業績に応じては、②の結果に０％〜200％の範囲内で決定することもある。

② 昇格者のみを対象とする特別昇給

課長　　昇格昇給というのは、私はあまり聞いたことがないのですが、どのようにみればよいのですか？

コンサル　昇格昇給とは、昇格した場合に昇格者だけに加算する「特別昇給」です。

図表6-15では、J‐1級からJ‐2級へ昇格する場合には、昇格の時点で特別に7,000円を上乗せして昇給させるという意味になります。この昇格昇給については、状況に応じて幅を持たせることも必要になってきます。

例えば、7,000円〜１万円の範囲内で金額を決定するなどです。

課長　　それはなぜですか？

コンサル　前にご説明したように、賃金制度改定で個別の賃金移行にあたっては、前の賃金制度が間違っていたとはなかなか言えないのですよ。ということは、移行後に本来あるべき姿へ少しずつでも是正をしていくことが避けられないということも押さえておく必要があります。昇格昇給もその１つの手段です。

図表6-15 昇格者のための特別昇給の例

クラス‐級	標準者昇格昇給額
S-2	10,000
S-1	10,000
J-2	7,000
J-1	−

126

第6章　月例賃金制度

　　　　　例えば、分析をした結果、中途採用者など、モデル賃金水準
　　　からみて低い社員がいたとします。月に２万円低くて既に３年
　　　間経過したとすると、「（２万円×36か月）の72万円を返却しま
　　　す」ということが果たしてできるでしょうか？　このように一
　　　度に何万円もアップさせるのが難しいことがあります。そのよ
　　　うなときにも活用したりします。

課長　　なるほど、よく分かりました。実態をよくみながら、一方では
　　　あるべき方向はしっかりと見据えながら、いい意味で現実的に
　　　かつ柔軟にということですね。先生がよく言われる「人事は心
　　　理学のセンスが必要だ」ということも分かるような気がします。

コンサル　もう１つ大事なことがあります。**賃金で必要なのは、昇給額**
　　　など相対的な金額ではなく絶対額としての管理であることは忘
　　　れないようにしてください。

■段階号俸表の導入

コンサル　前にもご説明しましたが、下位等級には、能力給でよく活用
　　　される段階号俸表の方が適しています。例を挙げてご説明しま
　　　しょう（**図表6-16**）。

　　　　　これは標準のＢ評価者については５号俸昇給させることを前
　　　提としているので、「５段階号俸表」と言っています。ちなみに
　　　優秀な評価結果のＡでは６号俸、基準に達していないＣ評価者
　　　では４号俸というように、２割展開の昇給査定ルールを組み込
　　　んで運用します。

　　　　　標準者で５年経過して20号俸（186,000円）に至り、その時
　　　点でＪ-２級に昇格したとすると同額の186,000円に位置づけら
　　　れることになります。昇格の場合には、一般的には**直近上位の**
　　　ルールで運用します。

課長　　「直近上位」とは何ですか？

コンサル　このように昇格したときには、同一の額があればその額へ、も
　　　しなければ最も近いこれを上回る額に位置づける決め方を言い
　　　ます。なお、これに先ほどご説明した昇格昇給も、あわせて実施

127

したりします。

課長　　　号俸表では、他の運用方法もあるのですか？

コンサル　はい、同じ「標準者5号俸昇給表」を活用していても、昇給査定と連動させて、標準を超える場合には、例えば7号俸以上に多く進ませる一方で、逆に標準に達しない場合には3号俸以下となるように、設定よりメリハリをつけて運用することも行われています。

図表6-16　能力給表（標準者5段階号俸表例）

優秀者⇒6号俸／平均的標準者⇒5号俸昇給

等級	J-1級	昇格者	A評価	B評価	C評価	J-2級
標準昇格昇給額						
一次昇給額	4,000					5,000
一次号差額	800					1,000
号俸						
0	170,000					186,000
1	170,800					187,000
2	171,600					188,000
3	172,400					189,000
4	173,200					190,000
5	174,000					191,000
6	174,800					192,000
7	175,600					193,000
8	176,400					194,000
9	177,200					195,000
10	178,000					196,000
11	178,800					197,000
12	179,600					198,000
13	180,400					199,000
14	181,200					200,000
15	182,000					201,000
16	182,800					202,000
17	183,600					203,000
18	184,400					204,000
19	185,200					205,000
20	186,000					206,000
21	186,800					207,000
22	187,600					208,000
23	188,400					209,000
24	189,200					210,000
25	190,000					211,000

図表6-17 能力給の定期昇給と昇格昇給

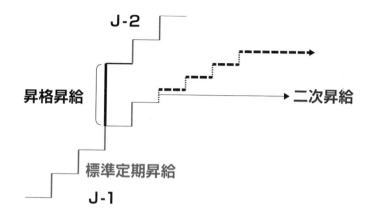

課長　　　となると、標準者を5号俸としなくても標準者4号俸表や3号俸表などもっと少なくてもよいことになりませんか？

コンサル　はい、そのとおりです。事実、そのような号俸表も見かけます。

課長　　　評価によっては、マイナス昇給として号を戻す形で減額することはできないのですか？

コンサル　企業のなかにはそのような例も見受けられますが、私はお勧めできません。

課長　　　なぜですか？

コンサル　はい、不利益変更の問題にもなりかねませんし、また、評価の問題にもなるかも知れませんが、能力給の場合、能力が確実に落ちたという証明が難しいからです。能力給では、これ以上は上がらないということはあっても、その性格からして無理に下げようとするのは感心しません。だからこそ、他の賃金の要素との併存が必要になってくるのです。

■役割給の考え方

コンサル　賃金体系を見直すにあたっては、次の役割給を導入できるかどうかにかかっていると言えるでしょう。役割給とは、もとも

第Ⅱ編　実際のトータル人事制度設計——コンサルティング事例から

とはアメリカの職務給の考え方をベースに置いたものです。

課長　　「職務給」と「役割給」の違いについて、もう少し教えてください。

コンサル　はい、職務給はどちらかと言うと、固定的でルーティンな仕事を中心にとらえた考え方から来ています。欧米では、比較的業種別・職種別の横断型の労働市場が進んでいることから、労働組合も一企業にとどまりませんし、合理的な賃金の決め方が求められていたという歴史的な経緯があります。このこともあって、職務給は複雑で困難な「職務分析」を行ったうえでの客観性が重視されたものです。

課長　　訴訟も多いと聞きますし、男女同一賃金も、歴史的にみて日本よりだいぶ進んでいますよね。

コンサル　さすが、田中課長は勉強家ですね。このアメリカ型の職務給は戦後日本にも輸入されたのですが、日本の"ヒト"中心、しかも年功で決まる仕組みの賃金には当時は合わなかったのですね。それが今、「役割給」と形を変えて見直されてきたということです。

　　職務給とはやや異なる、役割給で言うところの"役割"とは、管理職や専門職なども含めたより上位のより広い概念からのものと言えるでしょう。

課長　　確かに最近、役割給というのをよく聞きますが、今ひとついったい何を意味するのか、その焦点がよく分かりません。

コンサル　分かりやすく言えば、「あなたには昨日と異なってこれだけの役割を任せることになったので、賃金についても今日からこのように変更します」ということですね。このことが、役割給とはきわめて日本的であいまいだとされてきたゆえんです。

　　役割給の特徴は、これまでより大きな（責任の重い）仕事を任せることになった社員に、その日からそれに応じて（これまで以上により多く）支給できるという変動費的な性格を持つ賃金だということです。このことが合理的賃金として同一労働同一賃金に向けてこれから日本の企業ではより中心になってくるということでしょう。

130

第6章　月例賃金制度

課長　　　　今の話ですと、異動によっては、降給にもなるということですか？

コンサル　　はい、真の役割給の導入を考えるにあたって減額がまったくないとなると、果たして役割給と言えるのか疑問があります。一方で、それがまさしくデメリットでもあり、実際の運用はこれまでより難しくなると言えるでしょう。

課長　　　　どういうときに難しいのでしょうか？

コンサル　　社員にとっては自分で仕事を選べる機会は少ないですよね。「私はその責任に堪える自信がないのでその役職ポストから降りさせてください」という希望降職制など公務員の人事給与制度では見受けられますが、民間企業ではあまり聞かないですね。難しいと言うのはひとえに、会社が一方的に発令することが避けられないからです。

課長　　　　ということは、会社として仕事を変える、異動させるなどがあったとき、賃金を下げるのが目的ではないかが問題となり得るということですか？

コンサル　　はい、さすが田中課長は鋭いですね。そのとおりです。すなわち、**役割給への移行導入にあたっては、納得性と公平性を十分考えながら、導入当初は小さく、だんだんとそのウエイトを大きくするなどの工夫**が避けては通れないということです。また運用にあたっても慎重な配慮が欠かせないということです。

課長　　　　それでも、これからはやっていかざるを得ないということですか？

コンサル　　はい、これからの人事賃金マネジメントは、**評価も含めてリスク管理の面もあわせ持つ**ということを肝に銘じておく必要があります。そのためにも規程も含めて人事制度をしっかり組み立てていきましょう。

■役割給の導入～能力給に役割手当を部分的に付加する（STEP1）

コンサル　　それでは、まずは能力給に重点を置きつつ、一方で担当する役割責任度に応じて変動する手当として補完する方式で、移行

131

第Ⅱ編　実際のトータル人事制度設計──コンサルティング事例から

しやすいところから考えてみましょう。

　能力給は、もともとの制度の性格からだけでなく、運用次第では年功主義に陥ったり、能力主義的になったり、幅が相当広いものです。したがって、基本給そのものもこれまでの年功主義から能力主義へと転換させる必要があります。

　そのうえでこの役割手当は、これまでの役職（管理職）手当を中心に再設計を行うことで導入が可能です。手当ということもあって、大きな格差をもって設定することまで考える必要はありません。導入しやすさ、運用しやすさということを念頭に置いて考えてみましょう。

課長　　どのように見直せばよいのですか？

コンサル　まずは、一般職、すなわち非管理職からみてみましょう。そもそも新入社員から反映させることも考えられますが、導入当初は難しいかも知れません。

課長　　それはなぜですか？

コンサル　例えば新卒採用を前提に考えた場合、社会人としての経験がゼロの段階から始まって指示されたことをそのとおり実施することになるわけです。言ってみればルーティンの仕事をこなしながらOJTによってすべてが能力開発の段階にあるとも言えるわけです。この段階で役割と言っても言葉の遊びになってしまいます。

課長　　なるほど、ではどの段階からが適当でしょうか？

コンサル　中堅の、例えばＳクラスぐらいからがなじみやすいのではないでしょうか。さらに課長職くらいから本来の役割給が適応してくるかと思います。例えば、同じ課長職であっても、ラインとスタッフ、または部下の人数などや所轄ポストからみて明らかに役割責任度──職責とも言いますが──が異なる場合には、この違いに注目して賃金の額に反映させていくことです。

課長　　変動というのはよく分かるのですが、当社で減額することは、当社のこれまでの慣例から難しいと感じます。

コンサル　はい、確かに日本の企業では減額に対する拒否反応が少なか

第6章　月例賃金制度

図表6-18　役割給例（シンプルな手当の場合）

役割責任度	Ⅰ	Ⅱ	Ⅲ	Ⅳ	Ⅴ	ランク差
部長職	80,000	85,000	90,000	95,000	100,000	5,000
次長職	60,000	65,000	70,000	75,000	80,000	5,000
課長職	42,000	46,000	50,000	54,000	58,000	4,000
係長職	14,000	16,000	18,000	20,000	22,000	2,000
チーフ職	7,000	8,500	10,000	11,500	13,000	1,500
リーダー職	2,000	3,000	4,000	5,000	6,000	1,000

　　　　　らずありますね。労働組合などあればなおさらです。では、設
　　　　　計上最も低い額からスタートさせ、"加算"していくというよう
　　　　　に持っていけばどうでしょうか？

課長　　　「増額もあるが、元に戻すこともある」という見方ですか？

コンサル　そのとおりです。これまでのものと変えるということは相当
　　　　　のエネルギーが求められます。どのように移行すれば理解が得
　　　　　られ、スムーズに進めていけるかということを念頭に、具体的
　　　　　に詰めていく必要があるということです。これも心理学の応用
　　　　　です。

課長　　　役割給とは、実態に応じてできるところから変動させるとい
　　　　　うことが基本ということですね。

コンサル　はい。**異動発令があった場合には、そのタイミングで変更す
　　　　　ることが原則**です。

　　　　　　また、役割給については、上の階層になるほどより厚くして
　　　　　いくこととなります。またどうしても運用面が難しくなるため
　　　　　に、**移行当初はウエイトを意図的に小さくし、その後ステップ
　　　　　アップでウエイトを高めていくように計画的に進めていくべき**
　　　　　です。

　　　　　　もう１つ大事なことがあります。それは、等級ごとの範囲の
　　　　　設定です。能力給は重複型であることは一般的にも多く見受け

133

図表6-19 範囲給と単一給

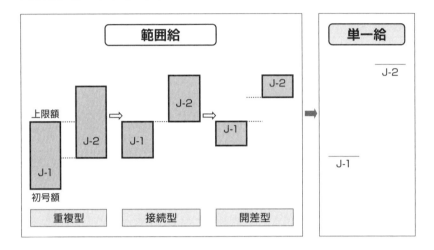

    られますが、役割給は、接続型か開差型とすべきだということです。

課長 重複型とは、下位の等級にあっても上位の等級よりも高いこともあるという前提となりますね。役割給は重複してはいけないというのはなぜですか？

コンサル はい、重複型というのは等級制度において下位等級であるのに上位等級よりも高いことを制度上認める、ある意味では矛盾した姿とも言えます。しかし、役割給にはより客観性と合理性が求められるからというのがその理由です。逆に言えば、能力給の方はそこまでは求めないということです。

課長 2つの要素の性格づけをはっきりさせようということですね。次に役割給の運用の仕方を教えてください。

コンサル 役割給を運用していくには、直截的ですが、**社員が担当する仕事の価値とその達成度についての役割評価を行って反映させていくことが基本**となります。社員の能力の伸びの大きさに対応させた能力給と異なる点は、"人"ではなく"担当する仕事の価値とその達成度"からみた評価を行うことにあります。これは言

図表6-20 能力給・役割給並存型（設計例）

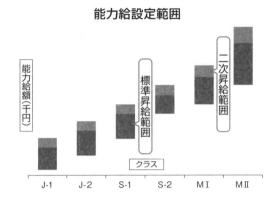

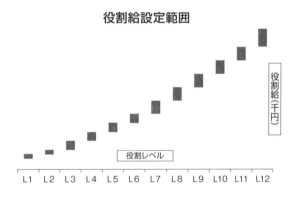

うは易く実行は難しいものです。導入当初は、前期との比較を行う簡易版の評価から始めるとよいでしょう。

■**役割レベルの運用基準**

課長　　具体的にはどうすればよいでしょうか？
コンサル　はい、当初の役割レベルが設定され、その後の変化を反映させるものです。
　　　　具体的に挙げてみます。例えば「仕事の量」からみてみましょ

う。前期よりも仕事の量が増えたのか、減ったのか、それとも
ほぼ変わらないのか、この違いをとらえます。もちろん、増え
た場合にはどの程度増えたかということも重要になります。

次に「仕事の難しさ」からみてみましょう。前年、もしくは
前期と比べてより困難になったのか、それとも易しくなったの
か、それともほぼ変わらないのか、この違いをとらえます。

さらに「仕事の広がり」をみてみます。仕事の種類が前年よ
りも増え、また異なる仕事も加わって多様になってきたのかな
どをとらえるものです。前年より、仕事の質がどのように変化
したのかということを適正に判断することでもあります。

では、前期との比較を管理職についてみるとどうでしょう
か？ まず挙げるべきは「担当する組織の変化」です。前年よ
りも部下の人数が増えたかどうか、これが最も分かりやすい例
でしょう。これにも関連して、部下の構成として専門職が増え
た場合には管理の責任が重くなったというようにみることもで
きるでしょう。

次に「役割責任」です。管理職としての職務にかかる責任の
範囲や重要度についての前年と比べての変化をとらえます。担
当するプロジェクトの規模や本数、質的内容からみて責任が重
くなったかどうかという点をとらえます。

３番目は目標管理制度でいうところの「業績目標」に注目し
たものです。担当する組織の目標額は、前年と比べてより高く
なったかどうかなどをみます。

以上からお分かりいただけたかと思いますが、ポストとして
の職責、役割責任の度合いまたは職務で問われる専門性が前年、
前期と比べてどう変化をしたかを中心にとらえるものです。

■本格的な役割給への転換（STEP２）

課長　　　先生は、役割給を初めて導入するには運用が難しいのででき
るところからシンプルにと言われましたが、次のステップでは
どのように考えていけばよいのでしょうか？

コンサル　はい、このようにステップ方式で進めていくことが重要なのです。最初の見直しから2年後を見据えて今から考えましょう。同一労働同一賃金改革にあたって、他の企業も現状では手探りの状態です。有名大企業とは異なり、先駆的な役目を果たす必要はありませんが、船に乗り遅れると企業経営にとって、場合によっては致命的な打撃にもなりかねません。今回の労働法改正は、戦後以来の大改正と言われていますが、それだけに予想がつかないところがまだあります。慎重に、かつ方向性を誤らないようにタイミングを見計らって柔軟に進めていくことに尽きますね。

① 役割給の設計

課長　第1段階とどこを変えるのですか？

コンサル　第2段階での役割給は、役職を中心にとらえることについては第1段階と同じですが、役割のレベルを「範囲」「ゾーン」でもって設定し、また全体のウエイトも大きくします。

図表6-21　本格的な役割業績給（号表）の例

役割レベル	初号	1号	2号	3号	4号	5号	6号	7号	8号	9号	10号
L12	205,000	206,000	207,000	208,000	209,000	210,000	211,000	212,000	213,000	214,000	215,000
L11	196,000	197,000	198,000	199,000	200,000	201,000	202,000	203,000	204,000	205,000	
L10	187,000	188,000	189,000	190,000	191,000	192,000	193,000	194,000	195,000	196,000	
L9	178,000	179,000	180,000	181,000	182,000	183,000	184,000	185,000	186,000	187,000	
L8	169,000	170,000	171,000	172,000	173,000	174,000	175,000	176,000	177,000	178,000	
L7	160,000	161,000	162,000	163,000	164,000	165,000	166,000	167,000	168,000	169,000	
L6	154,000	155,000	156,000	157,000	158,000	159,000	160,000				
L5	148,000	149,000	150,000	151,000	152,000	153,000	154,000				
L4	142,000	143,000	144,000	145,000	146,000	147,000	148,000				
L3	136,000	137,000	138,000	139,000	140,000	141,000	142,000				
L2	133,000	134,000	135,000	136,000							
L1	130,000	131,000	132,000	133,000							

第Ⅱ編　実際のトータル人事制度設計──コンサルティング事例から

　　　　　　フレームワークのところでご説明しましたが（**77頁参照**）、
　　　　　これこそ能力を基準にした能力等級制度と、役割を基準とした
　　　　　役割等級制度との混合型ならではのものです。

課長　　　役割給のウエイトの方を大きくとることになりますか？

コンサル　そうみていただいてもよいですが、より正確に言うと、スター
　　　　　トからの上がり下がりの額、「ピッチ」がどうなるかということ
　　　　　になります。いずれにせよ、徐々にでも役割等級制度──役割
　　　　　給の方へとウエイトをシフトさせていくことは避けられないで
　　　　　しょう。

課長　　　能力クラスと役割レベルとの関連はどうなるのでしょうか？

コンサル　大変重要なご指摘です。一応関連はあるものの、ゆるやかな
　　　　　相関関係にあると言うべきでしょう。できれば切り離して別の
　　　　　基準としたいところです。あえて言うならば、管理職層と非管
　　　　　理職層との一線を画すということぐらいにとどめたいといった
　　　　　ところでしょうか。

課長　　　時間外手当の対象となるかどうかの区分からですか？

コンサル　はい、ただし、時間外手当の対象から除外される「管理監督
　　　　　者」（労働基準法第41条）では、きわめて限定的に定められてい
　　　　　ます。これに対して、それぞれの企業で言う「管理職」とは、
　　　　　言わば「会社ごとに定めた制度上の社内管理職」ということに
　　　　　なります。このことを踏まえ、整理し適正に対応させていくこ
　　　　　とが避けては通れませんが、そのこととあわせて、一般的には、
　　　　　労働組合員の資格などが複雑にからみ、金額設定はもちろんの
　　　　　ことながら、多面的な検討が避けられません。

課長　　　この役割レベルというのは何段階くらいが適当でしょうか？

コンサル　はい、役職者を対象とした役割給については一般論から言え
　　　　　ば、6段階〜12段階で設定する場合が多いです。これは私なり
　　　　　の経験則からの判断でもあるわけですが、1つ言えるのは実質
　　　　　的に意味を持つ、すなわち「明確な違いがある区分はどこか」
　　　　　というところに行き着くことになります。

　　　　　　例えば、A社の営業所長というポストについては、何段階く

第6章　月例賃金制度

らいの区分が適当なのか、ということから考えてみましょう。

課長　　当社の営業所は、大阪、名古屋と仙台にあります。

コンサル　では、あえて"人"をみるのではなく、"ポスト"からみて整理してみましょう。

課長　　大阪営業所長は所員が10人ですが、取り扱う予算などの規模、会社全体からの位置づけ（いわゆる格）からみても、他の営業所長としてのポストからみても明らかに一線を画すもので、近々支店に格上げされる予定となっています。仙台営業所長は、常勤の所員が5人で、本社の係長クラスが新任の所長として赴任していることが多いです。残る名古屋営業所長は、大阪と仙台の間くらいですね。

コンサル　なるほど、具体的な例を挙げて比較してみると分かりやすくなりますね。このようにまずはざっくりと区分してみることから始めればよいと思います。次にこれを全社的に拡大してみて、すべてのポストにあてはめてみます。これについては、前述の「役割評価基準」（**第4章**）に従って設定してみましょう。

　　　　　この役割評価は、基準となるべき役職位（ポスト）などからベンチマーク方式で点数化を行い、この点数に応じて該当する役割レベルの範囲を決定するものです。

課長　　金額はどのように設定すればよいでしょうか？

コンサル　役割給はアップもあれば現状維持もあり、さらにダウンまであるという性格のものです。このことから、能力給以上の明快で客観的な基準と厳格な運用が求められるものです。したがって、上位レベルと下位レベルとの逆転がないように、開差型、または少なくとも接続型であるべきでしょう。

　　　　　さらに同一レベル内においては、範囲給として運用しやすいように号も設定します。

課長　　号ごとの差額はどのくらいあればよいでしょうか？

コンサル　号差、刻みは1,000円から大きくても2,000円くらいとします。それぞれ10号以内程度がいいですね。これも私の経験則からのものです。

139

第Ⅱ編 実際のトータル人事制度設計——コンサルティング事例から

② 役割給の運用ルールの規程化

課長 運用のルールはどのように決めればよいですか？

コンサル はい、次のようなものではどうでしょうか？

> **①役割変更（昇進を始めとした上位レベルへの変更）**
>
> 　上位への変更（主任から係長へ、L5からL6など）があった場合には、前の役割給を上回る、新しい役割レベルに対応する直近上位の額に位置づけるものとする。
>
> **②役割変更（降職を始めとした下位レベルへの変更）**
>
> 　役割レベルの下位への変更（規模の大きい事業所長から平均的な事業所長へ、L9からL8など）があった場合には、新しい役割レベルに対応する直近下位の額に位置づけるものとする。

課長 就業規則（賃金規程）に明記した方がよいでしょうか？

コンサル これに限ったことではないのですが、新制度導入当初でまだ

図表6-22 規程化例

　1年に1度（毎年4月時）に、前1か年の人事評価結果（上期及び下期の業績評価を合算したもの）を反映して、以下のとおり改定する。

業績評価	号俸の変更
成果が目標を超えて優秀な場合でしかも担当に仕事の範囲が広がり、責任も重くなる場合	プラス2号俸（特別に会社が認めた場合には3号俸とすることがある；ただし、当該役割レベルの上限額を上回ることはない）
成果がほぼ目標どおりであった場合	プラス1号俸
成果は目標にはやや及ばなかったものの、業務遂行状況からみると一定の評価が認められる場合（異動後の期間があまり経過していないなど）	0号俸（変更なし）
成果として目標に到達せず、遂行度からみても問題があった場合	マイナス1～2号俸（ただし、当該役割レベルの初号額を下回ることはない）

図表6-23 役割業績給

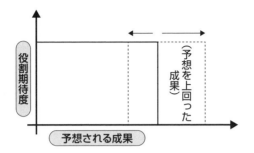

不明確なところがあり、しかも混乱を招きかねないことについてはまずは内規から始めるということも実際行われています。ただし、言うまでもないことですが、ルールがしっかり定められることになれば、規程化を図るという原則を忘れてはいけません。

また、直接労働条件に関わる激変緩和措置に関しては、例えば以下のような条項を付記しておく必要があると思います。

> 【例】： 新賃金制度移行後に、役割変更等によって役割給がダウンする場合には、そのダウンの額が○円を超えることはない。
> ダウンとなる場合については、事前に本人への説明を行うものとする。

課長 号俸はどのように運用していけばよいですか？

コンサル 図表6-22のように役割の変化を評価したうえで反映させていくことが考えられます。

課長 これをみると、役割とは、その結果たる業績と重なってくるものですね。

コンサル はい、そのとおりです。期待する役割とは言うものの、必ずしもそれだけでとらえられるものではなく、その結果、成果が相伴って初めて意味があるということです。このことは、より本格的な役割給を目指す場合には、役割業績給（いわゆる成果給）にする方が自然だと思います。

第Ⅱ編　実際のトータル人事制度設計——コンサルティング事例から

管理専門職の複線型賃金制度

■管理専門職の賃金制度の考え方

課長　　　管理職の賃金設定はどのように考えていく必要がありますか？

コンサル　はい、ライン長をメルクマール（基準となる指標）とします。言うまでもないことですが、組織においてライン長はなくてはならない存在です。一般他社水準などを考慮してまず決定し、これを基準として"物差し"として運用します。

課長　　　スペシャリスト系列はどうでしょうか？

コンサル　求められる専門性からみた付加価値を測ったうえでその水準を決定します。将来さらに高度な専門性を期待するのであれば、より高く設定しておくことも考えられます。ただし、ここで言う「専門の度合い」とは、仮に単独であってもそれだけの付加価値があるという特別な意味合いのものです。一般企業の例を挙げれば、技術開発とか研究職掌などではあり得るのですが、営業職掌などでは、たった1人でも課の売上利益を稼ぎ出すといった相当なレベルのものになるでしょうね。人数的にはそれ

図表6-24　クラスごとの給与水準（幅）の設定

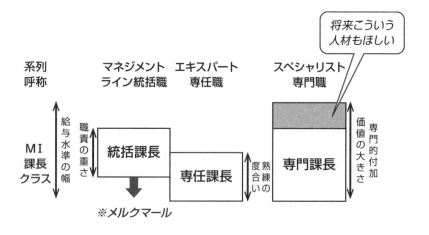

第6章　月例賃金制度

ほどいないとみるべきでしょう。しかも、実際の職務価値から
乖離しないように、毎年の適正な評価が必須ですね。

課長　　スペシャリスト系列に対して、エキスパート系列がよく分か
らないのですが？

コンサル　経験の長さを含めた熟練の度合いなど業務の応用度を測るこ
とになります。ただし、同一労働同一賃金に向けて、今後かな
り厳しくなってくるのがこの系列だとも言えるでしょう。管理
職登用試験に合格してポストが空くまで待機している期間の扱
いや、役職定年制でライン長を後輩に譲った後という位置づけ
も考えられるわけですが、これからなくなっていくという見方
が避けられないと思われます。

　　　　　いずれにせよ、先述のように基本給すなわち能力給に年功的
な意味合いを残すとすれば、この役割給の方でその違いを明確
に反映し運用していくことが鍵になってきます。

■管理職や高度専門職を対象とした年俸制

課長　　年俸制のことも言われていましたが、当社ではどのように考
えていけばよいでしょうか？

コンサル　はい、年俸制とは1年間を単位として個別に決定するシステ
ムのことを指しただけに過ぎません。私が長年コンサルタント
として関わってきた企業のなかには、一般社員の昇給が2.5％で
決着したので、年俸者は一律3％のアップにするなど、年功給
そのものの年俸制というのもなかにありました。

　　　　　もちろんこれは論外ですが、いずれにしても年俸制の内容が
どのようなものかは、それぞれによって異なります。ただ一般
的には、個々の業績を大きく反映させたいわゆる成果主義型の
ものを考えるのは当然でしょう。

課長　　当社で年俸制がなじむのはどのあたりでしょうか？

コンサル　はい、少なくとも課長クラス以上の管理職や、個別に仕事の
裁量範囲が大きい係長以上の階層の営業職社員などが検討の対
象となるかと思います。

143

第Ⅱ編　実際のトータル人事制度設計──コンサルティング事例から

課長　　　年俸決定のための評価はどうあるべきでしょう？

コンサル　他社でもそうですが、目標管理制度とも結びついており、これ
　　　　　　も含めての年俸制の設計にあたっては、一見簡単なようで運用
　　　　　　面まで考えると、恣意的に流されないようにするためにもしっ
　　　　　　かりとルール決めを行う必要があるといえるのではないでしょ
　　　　　　うか。

課長　　　年俸制の設計で注意するのはどこでしょうか？

コンサル　まずは、年収、すなわち年間賃金からみて下位等級よりも高
　　　　　　い水準であることですね。言うまでもないことですが、少なく
　　　　　　とも生活給レベルは卒業している水準で、したがって、家族手
　　　　　　当などの生活補助手当は必要ないという見方は当然あると思い
　　　　　　ます。

　　　　　　　次に、評価査定の問題にもなりますが、**アップ、ダウンも含
　　　　　　めて詳細な運用ルールを作る**必要があります。とくにダウンす
　　　　　　る場合には不利益変更の問題も出てくるので注意が必要です。

　　　　　　　そして、これが最も重要と言えるかも知れませんが、**年俸制
　　　　　　によって動機づけとなるかどうか**ですね。若くてもやれば報わ
　　　　　　れるのだというチャレンジ意識を高めて活性化し業績向上に結
　　　　　　びつくものであるかどうかが鍵になるでしょうね。

第6章　ポイントまとめ

● 同一労働同一賃金時代における賃金制度とは「能力開発の推進を
通じて自社流の能力主義を強化し、個々の担当役割に応じて成果
（業績）を適切に反映させていく説明可能な合理的なシステム」

● 今後の賃金制度：複合型賃金体系
①"人"基準の能力給、②"仕事"基準の役割給、③"結果"基準の業績
給の3つの要素を、適正に柔軟性をもって最適に組み合わせる

● 職掌ごとの賃金の特性に注目した設計・運用が必要

● 諸手当を決定してから、残りの原資で基本給を設計するのが基本

● 能力給の基本：等級ごとに設定範囲を決め、毎年の総合評価から
の昇給査定に応じて昇給額を決定する

144

第6章　月例賃金制度

● 役割給の導入は段階的に移行しやすいところから。従来の能力給に役割手当を部分的に付加する簡易方式も可

● 役割給の本格導入の段階では、役割レベルを「範囲」「ゾーン」で設定し、全体のウエイトも大きくしていく。運用上は、役割の変化を評価し号俸に適正に反映させる

● 管理職の賃金制度はアップもダウンもある柔軟な設計に、客観的にみて適正かどうかをコントロールする「絶対額管理」で行う。賃金が生活給レベルを脱している管理職等には年収単位で管理していく賃金（年俸制）も適合し得る

第Ⅱ編　実際のトータル人事制度設計──コンサルティング事例から

第7章

賞与・退職金制度

課長　　　先生、賞与制度はこれからどう考えていけばいいのでしょう
か？

コンサル　A社もそうですが、日本の多くの企業では、夏期（7月頃）
と年末（12月頃）の年2回、賞与が支給されていますね。日本
では当たり前のように賞与が支給されていますが、世界的にみ
るとこれはかなりユニークな賃金制度なのです。欧米では、ク
リスマスボーナスとか業績が好調な年度には、確かに日本で言
う決算賞与に近いものが支給されたりすることがありますが、
そもそも金額的にもそれほど大きなものではありません。

課長　　　そうなのですか？

コンサル　はい、このようなユニークな制度であるからこそ使い勝手が
良いとも言えるのです。そもそも賞与は月々の賃金ほど、法律
の制約もそれほど多くありません。自由に自社流の賞与制度を
決めて、月々の賃金とは別の仕組みとして考えてもよいのです。

賞与制度の再設計

■賞与の目的

コンサル　一度賞与の目的を整理してみましょう。1つ目は、言うまで
もないことですが、会社業績からの利益を社員に分配するとい
う意味があります。2つ目には奨励金としての意味があります。
それでは、もう一方の社員側、労働組合などからみれば、何を
重視しているでしょうか？

課長　　　毎月の賃金の後払い、すなわち一定分まとめて年に2回必要
なときに支払うという意味があります。

146

第7章　賞与・退職金制度

コンサル　そのとおりです。実際にはそれぞれの要素が入り組んだ特別な性格を持つ賃金と言うことができるでしょう。

課長　　今回の同一労働同一賃金ガイドライン案でも非正規社員にもきちんと支給しなくてはならないと示されていますね。当社では、パート社員などには寸志しか支給してこなかったので、何とかしないといけないと思っています。

コンサル　はい、どうもこのガイドライン案の解釈をめぐって戸惑っている企業も多いようですが、いずれにしても、この賞与制度をどうするかが今後の賃金体系全体にも大きな課題となるのは間違いないと思います。

■これからの賞与の考え方と現行賞与制度の問題点

課長　　賞与制度を考えるにあたって何が重要になってきますか？

コンサル　はい、まず、**賞与は年収における比重がかなり高い**ものです。どのくらいかと言えば、業種によっても異なるのですが、一般的には、通勤手当や時間外手当などを除く年収のほぼ3割近くを占めています。

　　　　　2番目には、賞与はある意味で**一過性のもので必ずしも継続するものではありません**。

課長　　月々の賃金とは異なって、都度、キャンセルされるものということですね。

コンサル　はい、どのような賃金制度を採るにせよ、月々の賃金は、過去からの積み重ねで決まるという性格を抜きにして語ることはできません。3番目は、**賞与はきわめて柔軟性が高い**ものだということです。月例賃金は、これでもって生活をしていく、すなわち生活給としての意味合いが強く、最低賃金法を始めとして法規面でのしばりも大きいものがありますよね。一方で、賞与についてはかなり自由です。ところで、A社ではこれまでどのように賞与を決めてこられましたか？

課長　　他の企業と同様だと思いますが、会社の業績と世間相場、さらに同じ地域の同業他社の動向も参考にしながら、支給総額か

147

第Ⅱ編　実際のトータル人事制度設計——コンサルティング事例から

ら基本給の月数をあらかた決めておくようにしています。

コンサル　個々の社員ベースからみるとどうでしょうか？

課長　　賞与の算定基礎額は基本給に役付手当を加えたものです。ま
ずはだいたい1.5か月から2か月程度を算出し、次に過去6か月
間の人事評価結果を反映させます。欠勤とか遅刻や早退があれ
ばそれについても控除しています。

---

a算定基礎額×b標準支給月数×〔(±)c賞与評価(査定)〕×〔(±)d出欠勤状況〕

コンサル　確かにオーソドックスな決め方ですね。例えばこういうとこ
ろが問題だとは言えないでしょうか。算定基礎額が基本給とい
うことは、仮に基本給が年功的に決まるものであれば、結果と
して賞与も年功的になってしまうということですね。
　　一方の支給月数も、もちろん業績次第ですが、A社では最近
では業績も安定してきているようですので、その結果だんだん
お決まりのものとなってきて、硬直化してきてしまったとは言
えないでしょうか。

課長　　月数とは言っても、算定基礎額によってまったく変わってし
まうので、同業他社と比較しようとしても水準自体を表すもの
ではありませんでした。

コンサル　また、最後は個人の評価がどう反映されるかの問題になるわ
けですが、結果的にはあまり差がつかない仕組みだったという
ことですね。もちろん、差をつけるだけが良い制度とは言えま
せんが……。

■業績連動型賞与の考え方

コンサル　同一労働同一賃金を目指すにあたっては、従来型の賞与を見
直し、決定基準を明らかにした業績連動型の賞与を採り入れる
ことが、年収管理の面からみても適していると考えられます。

課長　　「年収管理」とはどのような意味ですか？

コンサル　社員の賃金決定にあたって、水準や内容について、退職金は

148

別として１年で完結しようとすることです。このことは、管理職などを対象とした年俸制の考え方にも結びつくものです。一言で言えば、賞与にこれまで以上に業績給の要素を積極的に組み込んでいき、年収ベースで複合型賃金体系に転換していくことです。

■業績連動型賞与の条件

課長　業績連動型賞与の設計はどのように進めていけばよいですか？

コンサル　まずは、組織の業績に関する客観的な指標——物差しを設定し、社員に還元する賞与の大枠を明らかにすることです。

　ここで言う「組織業績」とは、３つに分けてとらえる必要があります。これは会社全体、部や課・営業所またはチームなどの組織単位のものに分けてとらえる必要があります。言うまでもないことですが、**組織ごとの業績を把握するための財務管理を適正に行い、業績に関するデータを社員に公開していくこと**もこれからは必要となります。

課長　先生がこれまで何度も言われている「必要な資料は文書にまとめ、周知し、徹底する」ということですね。

コンサル　はい、そのとおりです。２つ目は、**貢献度が高い社員に、その分け前が大きくなるような公平で適正、納得感のある分配のルールを作る**ことです。

　Ａ社の業務形態からすると、社員１人で完結する業務というのはほとんどありませんよね。一般的な企業でもそうですが、多くは集団、組織としてまとまって初めて業績を発揮し得るものです。例えば、個々の業績が比較的はっきり出る営業であったとしても、上司からの指示のあり方、製造、購買、配送やその他の間接部門からの協力態勢などによって大きく左右されるものです。

課長　社員個々の業績をズバリ数値として表すのは難しいということですか？

149

第Ⅱ編　実際のトータル人事制度設計——コンサルティング事例から

コンサル　はい、したがって、組織業績に対して個々の社員がどの程度貢献できたかという、間接的な評価でありながら、これをきっちり丁寧にやっていくということに尽きるということです。

■業績連動型賞与を導入するための留意点
コンサル　業績連動型賞与を導入するにあたっては、以下の点にも注意しなくてはなりません。

１つは、Ａ社の**現状に合った仕組みを設計**することです。

他の大企業の賞与制度は参考にはなりますが、そのとおり真似てうまくいくかどうかは分かりません。あくまでも、Ａ社の実情に沿った独自の制度を目指すべきです。

２つ目は、**それぞれの責任と権限に見合う責任の範囲内で決定**することです。つまり、自己の裁量範囲に応じて、自己の賃金にも責任を持つということです。

３つ目は、**公平性と納得性**を考えることです。業績評価は、今まで以上に公平性と納得性が求められることは間違いありません。社内で競争意識を高めることにも結びつきます。

そして最後に**社員のやる気が出る制度**であるということです。個々の社員がやる気にならないと意味がありませんよね。

課長　当然だと思いますが、どうすればやる気に結びつけられるでしょうか？

コンサル　はい、各社員が頑張れば期待が持てるような現実的で具体的な目標値を設定することです。残業を減らす、もしくは賞与が増える目標などはどうでしょうか？　またこれに関連して大事なことは、**今期は仮に達成できなかったとしても来期にはチャレンジして結果次第ではリカバリーが十分に可能な仕組み**とすることです。

課長　ということは、今はとても十分とは言えませんが、「目標管理」制度がどうであるかが鍵となりますね。

コンサル　そのとおりです。今回のような賃金制度を大きく見直すということは、評価制度を見直すことでもあり、すなわちトータル

第7章　賞与・退職金制度

人事システムのみならずマネジメント全体としての方向性から
とらえ直すことなのだということを忘れないでください。

■賞与総額の決定方法

課長　　会社業績及び組織業績の指標はどのように考えればよいで
しょうか？

コンサル　はい、以下に挙げるように多様です。賞与に反映させるにあ
たっては、会社と社員の双方からみてそのときに最も適切な業
績指標を持つことに意味があります。

① 業績指標の設定

コンサル　業績指標をどうするかについては、社員自らが参加し、しか
も達成が可能だと思える目標として認識され、努力した結果が
報われると実感が持てる、すなわち「見える」指標が望ましい
わけです。

課長　　当社の営業では、一般的にもそうですが、売上総利益などで
しょうね。

コンサル　はい、他にも以下などが挙げられます。

・売上高・付加価値（売上総利益）・営業利益・経常利益・当期利益
・キャッシュフロー・EVA（経済的付加価値）・ROE（株主資本利益率）等

---

② 賞与総額への落とし込み

コンサル　業績指標が決まると、次に社員に還元すべき賞与総額として、
どの程度の割合が適正か基準を決めなくてはなりません。また、
前年と比較しての伸長率など、いくつかの指標を組み合わせて
基準を設定することもあります。

課長　　業績の指標から基準へはどのように決めたらよいですか？

コンサル　はい、少なくとも過去数年を振り返って検証してみることが
欠かせません。例えば、粗利益（売上総利益）の場合には、粗利
益の実績はもちろん、実際に支払われた賞与の額の双方からみ

151

第Ⅱ編　実際のトータル人事制度設計——コンサルティング事例から

て分析を行い、今後予想される経営状況についてのシミュレーションを行ったうえで、具体的に設定してみましょう。

■ポイント制賞与制度の設計方法

課長　ポイント制の設計方法について教えてください。

コンサル　まず定例賞与分と業績賞与分（全体−個人及び部門別）とに区分して設定してみます。業績賞与分の方にポイント制を採り入れます。

課長　定例賞与と業績賞与との２つに分ける目的は何でしょうか？

コンサル　はい、定例賞与は、賞与の一定の部分を生活給としての安定保証分としてとらえ、業績の多少の変動に関係なく一定率を支給する部分です。当然ながら安定保証をどの程度重視するかによって変わってきます。もう一方の業績分配賞与分は、業績を反映する変動賞与として、成果配分の考えに基づいて、半期の人事評価結果を合理的に反映させるものとします。これについてポイント制を採用することとなります。

図表7-1　新しい賞与制度

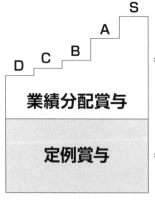

⇒業績を評価結果に応じて配分する変動賞与部分（会社業績×個人の貢献度＋組織業績）
※組織業績改善には加点で報いる
〔業績分配賞与；業績連動についてはポイント方式を採用〕

⇒月額賃金の後払い的部分としての安定賞与部分（基本給など×一定の月数）

第7章　賞与・退職金制度

■ポイント制賞与制度の設計例（図表7-2）

コンサル　初号として能力等級がJ-1で、役割等級がL1のポイントを100とします。同じく能力等級がMⅡで、役割等級がL12の最大ポイントを504として設定します。次に賞与評価（査定）表を設定しました。「格差大」の方をご覧ください。B（標準賞与査定）を1.00とし、最大のS評価を1.40、最低のD評価を0.6としています。

　　　　　次に賞与の固定的部分を1.0か月分（年間2か月）としています。

課長　　それはどこからみたものですか？

コンサル　経験則からということですね。ざっくり言って両者が半々くらいのところから検討を進めると結果まで導くのがスムーズになるのです。

　　　　　例えば佐藤社員の算定基礎額、例えば基本給ですね、これが25万円であるとすると、①25万円×1.0か月で25万円（**図表7-1**の定例賞与）となります。

図表7-2　賞与ポイント表設定例（能力×役割マトリクス方式の例）

クラス/役割レベル	L1	L2	L3	L4	L5	L6	L7	L8	L9	L10	L11	L12
指数	1.00	1.10	1.20	1.30	1.40	1.50	1.60	1.70	1.80	1.90	2.00	2.10
MⅡ	**240**	264	288	312	336	360	384	408	432	456	480	504
MⅠ	**180**	198	216	234	252	270	288	306	324	342	360	378
S-2	**140**	154	168	182	196	210	224	238	252	266	280	294
S-1	**120**	132	144	156	168	180	192	204	216	228	240	252
J-2	**110**	121	132	143	154	165	176	187	198	209	220	231
J-1	**100**	110	120	130	140	150	160	170	180	190	200	210

×

評価	S	A	B+	B	B-	C	D
格差小	1.30	1.15	1.07	**1.00**	0.93	0.85	0.70
格差大	1.40	1.20	1.10	**1.00**	0.90	0.80	0.60

153

第Ⅱ編　実際のトータル人事制度設計──コンサルティング事例から

　　　さらに、佐藤社員は能力等級がS‐1等級で役割等級（役割レベル）がL5であるとすると168ポイントとなります。次に今期の賞与評価がAであったとします。そうすると、168×1.2（格差大の場合）で202ポイントとなります。小数点以下は切り上げています。

　　　次に、今回賞与のポイント単価が1,000円とすると、②1,000円に202ポイントを掛けると20万2,000円（**図表7‐1**の業績分配賞与）となり、佐藤社員の今期賞与は、①25万円と②20万2,000円で、合計額が452,000円となるというわけです。

課長　この表は、縦が職能等級、横が役割レベルのマトリクスとなっていますが、この設計はどうみればよいのでしょうか？

コンサル　はい、縦よりも横の幅を大きくとるとすれば、役割の大きさによるメリハリを大きくつけることになり、等級間の逆転も十分に可能となります。

課長　逆転についてはどのように考えておけばよいでしょうか？

コンサル　賃金を年間・年収でとらえるのが本来であれば、きちんと説明がつけば、これからは逆転もあり得るのではないでしょうか。
　　　なお、MI以上とS‐2以下の格差を月例賃金相当分よりも大きくとれば、管理・専門職クラスへの再配分となります。

課長　それはどのような意味があるのでしょうか？

コンサル　毎月の賃金は時間外手当などで変動しますよね、先ほどお話ししたとおりですが、**年収管理の考え方に基づいて、賞与は月例賃金のバランス調整という位置づけ**もあるので、その点にも工夫が必要になってくるところと思います。

課長　ポイント単価はどのように算出すればよいのでしょうか？

コンサル　はい、次の順番で行います。まず、等級別の賞与評価査定を反映した総ポイント数を、概算でもよいので計算します。
　　　例えば、総ポイント数が仮に2万ポイントとなるとします。
　　　次に今期の業績賞与総額を、総ポイント数で割ります。
　　　仮に2,000万円であれば、これを2万ポイントで割ると、1ポイント当たり単価は1,000円となります。

第7章　賞与・退職金制度

課長　　なるほど分かりやすいですね。しかし、会社業績によって変動が大きすぎて困ることはないでしょうか？

コンサル　その場合は、当分の間は1ポイント当たりの単価は、800円以上1,200円以下にするなどのルールを決めればよいということになります。

課長　　なるほど、このポイント制賞与の応用に検討する点があれば教えてください。

コンサル　ポイント制のメリットというのは、必要な要素をポイントに置き換えて合理的に運用できるところにあります。例えば、営業所の実績や営業職掌などでみられるランキングですね。これをポイントとして付加、トッピングしたりすることも考えられるでしょう。成績が全国ナンバーワンの営業所やチームを100ポイント追加で付与したり、本来の賞与7％アップとしたりするなどですね。個人成績についても同様です。単価についても本来の今期の賞与用とは別に定めることも可能です。非常に使い勝手が良いと言えるでしょう。

退職金制度

■ポイント制退職金制度

課長　　月例賃金の改定と移行が終わった後のことになりますが、退職金制度はどのように見直していけばよいでしょうか？

コンサル　それも大事なことです。退職金制度についてもポイント制が考えられます。

課長　　ポイント制となると、年功、勤続功労としてのこれまでの退職金から能力主義型へと見直すことになるでしょうか？

コンサル　はい、そのとおりです。もう1つ大きな意味があります。それは、A社でも毎年のように実施されていますが、中途採用者については、勤続年数によって大きく変わる係数により、これまで新卒採用者よりもかなり不利益になっていました。**これをポイント制退職金へ見直すことにより、能力を発揮して昇格し、**

155

第Ⅱ編　実際のトータル人事制度設計──コンサルティング事例から

図表7-3 ポイント制退職金の基本形

退職金額＝(累計) {勤続ポイント＋等級ポイント＋その他のポイント※}
　　　　×ポイント単価
　　　　×退職理由区分〔(自己都合や業務外の傷病など) による係数の
　　　　　支給割合 (％) を表したもの〕
※役割ポイントや評価を反映するポイントなどのトッピングも最近では増えてきている。

　　　　　　上位の等級や役職位に昇進すればより高くなる仕組みとなるよ
　　　　うに設計します。つまり、毎年の貢献度に応じて報われる、動
　　　　機づけとなる制度とします。したがって、中途採用者にとって
　　　　はかなり改善されることになります。

課長　　　具体的にはどのようなものが考えられるでしょうか？

コンサル　図表7-3をみてください。これがポイント制退職金の基本形
　　　　となります。

課長　　　ポイントの単価はどのように設定するのですか？

コンサル　当初、1万円などキリの良いところで設定します。便宜上と
　　　　いうことで、ポイントの掛け算で決まるものなので、5,000円で
　　　　も1,000円でも可能です。ここで重要なのは、物価の動向や一般
　　　　企業のベースアップの実施状況などを考慮して、見直すことが
　　　　できるようにしておくことですね。

課長　　　「その他のポイント」とは何ですか？

コンサル　勤続ポイントと等級ポイントの2つが基本ではあるのです
　　　　が、最近では、役割ポイントや評価ポイントをトッピングのよ
　　　　うに付加する企業も増えてきているようです。

課長　　　それを採り入れる意味はどこにあるのですか？

コンサル　はい、等級だけだとどうしても昇格が甘くなると硬直化して
　　　　しまいます。役割も評価もどちらも変動的なものなので、等級
　　　　を補完するねらいがあると言えます。

課長　　　なるほど、いずれにしても毎年の人事制度の基本的な運用を
　　　　しっかりやっていかないといけないということですね。

156

第7章　賞与・退職金制度

コンサル　はい、退職金制度においても長い目でみて役割ポイントは必要になってくると思いますが、評価ポイントについては、毎期毎期の評価が公平で公正に行われるという信頼感がないと難しいかも知れないですね。

課長　　20年前の評価が退職金に影響するということになるわけですよね。

コンサル　はい、おっしゃるとおりです。そのために評価が良好だった社員のみに加点するとか、管理職以上に限定するとかの工夫が必要になってきます。

課長　　月例賃金以上に、退職の時に本来一度だけ受け取る退職金についてどうあるべきかをきちんと考えていかなくてはいけないということですね。

コンサル　そのとおりです。ポイントの要素としては月々の賃金と同じであっても、退職金ならではの特性を考えないとうまくいかないということです。そもそもですが、退職金のねらいが、所得税法上の分離課税のメリットも考慮して月例賃金とは分けて、まとめて後払いとするものなのか、老後の生活保障の一部なのか、功労金としてなのか、1つだけではないと思いますが、会社も社員もあらためて整理をして共有しておく必要があるでしょう。

課長　　当社では、**中小企業退職金共済（中退共）**に加入していますが、経営トップが**確定拠出年金**について関心を持っています。これはどのように考えていけばよいでしょうか？

コンサル　はい、外部に積んでおくということも社員だけでなく、対外的にも信頼感を持ってもらうために重要なことです。最近中小企業でも、あらためて確定拠出年金（日本版401Ｋ）に関心が高まってきているようです。金融機関と相談しながらタイアップして検討を進めていきましょう。専門的な話になりますが、場合によっては会社都合での退職と、自己都合での退職との係数設定の割合を見直すことにもなってきます。

157

第Ⅱ編　実際のトータル人事制度設計──コンサルティング事例から

■新制度への移行と旧制度による退職金制度の取扱い

課長　　確定拠出年金など企業年金については社内で今後どのように
進めていくか方針を確認します。また、新しいポイント制退職金
制度に移行となれば、これまでの退職金はどうなるのですか？

コンサル　移行の月における退職金支給額をいったん社員ごとにそれぞ
れ計算し、移行後から、新しい退職金制度に基づいて１年ごと
のポイントの上積みを図っていくことになります。もちろん、
移行月の退職金額が減額となることはあり得ません。すなわち、
既得権が損なわれることはありません。

課長　　導入後は新しい退職金の考え方が徐々に反映されていくとい
うことですね。ただ、定年が近い高年齢層では不安を持たれる
のではないでしょうか？

コンサル　はい、とくに55歳以上など年齢が高い社員については特別に
配慮します。例えば、それらの対象者については、現在の退職
金制度を数年間存続させるなどの方法が考えられます。

図表7-4　現行退職金制度から新退職金制度へ

	退職金	計算式	特　徴
現行制度	月例給直接連動型	退職時基本給×勤続年数係数×退職事由係数	○退職金の計算が簡単である。 ●本来、月例給（定期昇給）と退職金は異なる制度という見方があり、事実、支払い能力を超えることを避けるために、加給などのいわゆる第二基本給設定の矛盾が生じてくる。
新退職金制度	月例給分離型⇒ポイント方式	勤続年数・等級・役職位などをポイントに置き換え、そのポイント合計によって退職金額が決定される仕組み	○基本給と切り離されており、基本給と退職金を別の制度としてとらえ、管理していくことができる。 ○社員１人ひとりの勤続貢献のみならず仕事への貢献度まで反映されるので合理性と納得性が高い。 ○ポイントの組み方によって自社のあるべき退職金の考え方に沿って、オリジナルな制度とすることができる。 ●計算がやや複雑になるとともに、入社から退職までの人事の履歴管理が必要となる。

158

第7章　賞与・退職金制度

課長　　現在、月例賃金の見直しを先に進めていますが、現在の退職金制度の算定基礎額としての基本給そのものが変わりますよね。そうすると退職金制度改定はまだ1年以上先となりますが、これはどう扱えばよいのですか？

コンサル　大変重要なことに気づきましたね。新しい退職金制度が正式に導入されるまでは、現行の退職金規程に基づく退職金制度を引き続き活用していきます。すなわち、**退職金の算定基礎額は、新しい賃金制度への移行月における現行の基本給を、当分の間活かす**ことになります。

課長　　もし、新しいポイント制退職金の導入が遅れるなどして、その後に新しい賃金制度で昇給が実施されたときには、どう扱えばよいでしょうか？

コンサル　はい、例えば、過去数年間からみた会社全体の基本給の平均昇給率を、移行月の基本給に加算した額を新たな算定基礎額とするなどの配慮が必要となってきます。これについては、新しい退職金制度が導入されるまでの期限付きで退職金規程を見直し、社員にはあらかじめきちんと説明しておくことが前提となります。

課長　　分かりました。現在の契約社員など非正規の社員にも今後は支給することを前提として検討をしなくてはなりませんね。

第7章　ポイントまとめ

⚫ 同一労働同一賃金に対応する新しい賞与・退職金制度は、個人の貢献度を反映した納得性の高い客観的な仕組みとすることが重要

⚫ 賞与制度の見直しは、生活給としての定例賞与と会社業績・人事評価に応じて配分する変動型の業績賞与の組み合わせによるポイント制賞与制度への移行が考えられる

⚫ 退職金制度の見直しは、能力により昇格し、貢献度に応じて反映される仕組みとしてポイント制退職金制度への移行が考えられる

⚫ 新退職金制度への移行に際しては、とくに年齢の高い社員の既得権や移行による変動、影響に一定の配慮が必要

第Ⅱ編 実際のトータル人事制度設計──コンサルティング事例から

第8章

人事評価制度

評価制度の基本的な考え方

課長 　先生は、トータル人事制度のなかでも評価制度がこれまで以上に重要になると言われましたね。これを受けて、当社ではどのように見直していけばよいのでしょうか？

コンサル 　はい、評価は、大きく業績評価と行動評価に分かれます。業績とは成果、結果をとらえるものです。一方の行動評価とは、プロセスの評価であり、結果に至るまでの途中の経過を追ってとらえるものです。十数年前に成果主義に大きく転換した企業が見受けられましたが、必ずしもうまくいったわけではありません。これは、"成果主義の誤ち"とも言われています。成果、とくに短期でみた結果だけの追求となり、気がつくとチームワークや将来に向けて地道に努力を重ねるということがおろそかになったということがその原因として挙げられるでしょう。その反省も踏まえて、最近では長い目でみてしっかりと地道にやるべきことを自ら考えて行動するということが重要だと言われるようになってきたのです。このことを反映して評価制度もいろいろと変化の兆しがみられます。これについて、A社流に順次考えていきましょう。

課長 　"当社流"というのはどういうことですか？

コンサル 　**人事評価とは、"その企業のビジネスの価値観"そのものです。**他社の評価制度を参考にすることはできても、「魂を入れ込んでいく」ことをやらないと「使えない」ということになってしまいます。このことが"A社流"ということになるかと思います。

160

第8章 人事評価制度

評価制度設計のステップ

課長 　評価基準をとりまとめていくにはどのように進めていけばよいのですか？

コンサル 　残念ながらＡ社にはこれまで体系立った評価制度、評価基準があったとは言えませんでしたね。既にあるところの見直しはもちろんですが、体系立った評価制度をしっかりと考えていきましょう。このことが同一労働同一賃金に向けても重要になってくるのです。

　　　　まず行うべきなのは、以下の２点です。まずは「**人材ビジョンを明確にしてみる**」ことです。トップダウンで中長期経営ビジョンを明確に打ち出すことから始まります。これに従って、事業構想がみえるようになり、次にこれを担う"ヒト"、人材像を描いていくことになります。

課長 　先生がよく言われる「ビジョン経営」ということですね。

コンサル 　はい、次に「**複線的人材モデルを描いてみる**」ことです。Ａ社流の独自の能力主義を進めていくためには、このような立体的なとらえ方が避けては通れません。

　　　　具体的に表してみましょう。会社の中で社長からすればまだ若くても期待をかけている社員がいると想定します。そういった社員の日々の職務行動から追っていくわけです。これについて分かりやすくＡ社流に営業職掌からモデル化を行ってみましょう。例えば、課長は、Ａ社の優秀な営業社員とはどのようにイメージしていますか？

課長 　はい、売上実績がかなり安定しつつも伸びてきている、さらに販促活動などをする機会があった場合についてはその重点をしっかりと理解したうえでこれに沿った行動をとっている、一方で新規の顧客開拓についても時間の余裕さえあれば、計画を立てながら効率的に空き時間を有効に活用して訪問等を行っているなどです。

コンサル 　そうですね。そのようなことを次々と具体的に挙げていくこ

161

第Ⅱ編　実際のトータル人事制度設計──コンサルティング事例から

図表8-1 現実の優秀な社員をモデルにした想定（Aモデル）

設定ポイント	営業職掌（S-1級）で、大卒・入社6年	
優秀者のモデル	**具体的な期待像の内容**	
売上成績が安定して推移している	数字で表すと？	A商品の3年間平均の売上は年額○○百万円
しかも売上成績が確実に伸びている	数字で表すと？	3年間の平均伸張率は○○％
販促期間中の重点商品の位置づけを十分に理解して対応している	どの程度貢献してるのか？	重点商品の販売実績が○○％以上
新規顧客の開拓も、時間の合間をぬって効率的に動いている	どの程度訪問してるのか？	
A商品に関する商品知識が豊富である	必要な商品知識とは？	
報告・連絡・相談が速やかで上司としては安心して任せられる	報告はいつまでにどのように行うことが求められているのか？	
返品などのトラブルが起きたときの一次対応が信頼感をもって十分に任せられる	どんな返品トラブルがあり、それに必要な対応策とは？	

とになるわけです。次に、例えば数字のうえではどの程度実績として挙げているのか、また、見込み客の段階での企業訪問で言えば月にどのくらいの頻度で訪問しているのか、どの程度貢献しているとプラス評価となるのかということを**ブレーンストーミング**などによって**洗い出し**ていきます。このプロセスを通じて、**評価基準を明らかにしていく**わけです。

課長　　　期待するモデルとは、**当社にとってどういう人材像なのかを明らかにし、これを社員皆で共有していこう**ということですね。

コンサル　はい、コンサルタントはその手助けをしているに過ぎません。言ってみれば参考となる情報を引き出したうえでの「整理屋」であり、そのプロでもあるわけです。価値基準は外からの押し

162

第8章　人事評価制度

着せで決してうまくいくものでもありません。この点が大事な
ところです。

課長　　実際にモデルとなる人材がいない場合は、どうするのです
か？

コンサル　はい、営業を管掌する役員の方に、時代を今に置き換えて自ら
描いてもらうことになります。これからは想像力も必要になっ
てきます。

評価の区分

■コース区分

コンサル　さて、賃金制度のところでもご説明しましたが、同一労働同
一賃金に向けて、「雇用の区分」が大変重要になります。評価制
度でもしかりです。

課長　　まずは入口からのコース別ということですが、どのようにと
らえればよいですか？

コンサル　はい、当然ですが、基本的なところで「期待する人材基準は
どうなのか」ということから明らかにしておく必要があります。
　　　例えば、総合職コースは、「長期的にみて幹部または幹部候補
として、能力や適性が合致する人材を採用し、育成と高い水準
の処遇を図っていく」、一般職コースは、「長期的にみて総合職
に準じる立場で、これを補佐しつつ実務面での能力や適性が適
応する人材を採用し、育成と適正な処遇を図っていく」などを
念頭に設計を進めていくということです。

課長　　契約社員、とくに無期契約へ変更となった社員はどのように
位置づけたらよいでしょうか？

コンサル　「総合職や一般職とは異なり、時間または職務または地域など
より限定された条件の前提のもと、これに適応する人材を採用
し、育成と適正処遇を図っていく」などということになるかと
思います。ただし、それはこれまでの身分的で硬直的なもので
はなく、本人の意欲と適性による転換が十分に確保されている

163

第Ⅱ編　実際のトータル人事制度設計──コンサルティング事例から

ということも押さえておく必要があると思います。

■階層区分

課長　　先生は、コースに続いて階層別と職掌別にとらえることが大事だと言われましたよね。総合職コースの中での階層をみると、どのような位置づけになりますか？

コンサル　まずは評価の基本目的から明らかにしておきましょう。全社員に対しては、「上司や部下との良好なコミュニケーションを図ること」が求められます。能力を効果的に発揮させていくための動機づけということでマネジメントの基本です。評価制度を通じて必要なビジネス情報を共有することにも結びつくものです。

　　次にＪクラスの社員に対しては、「日々の職務遂行ぶりについての観察を通じて、能力開発に向けて指導育成を進めていくこと」です。

課長　　個々の能力に焦点を当てて伸ばしていくことに重点を置くということですね。Ｓクラスの社員に対しては、どうでしょうか？

コンサル　はい、組織運営上で公正な人材開発を行うことです

課長　　ジョブローテーション、昇格（・降格）、昇進（・降職）などに向けて組織マネジメントを合理的・効率的に進めていくことですね。昇給や賞与など賃金に反映させることも当然ですよね。

コンサル　「賃金など処遇面での公正な決定に結びつけること」については、"賃金査定"と言って別の見方も必要となります。なぜ使い分ける必要があるかと言うと、本来の人事評価は絶対評価で行っていくべきものですが、一方でこの賃金査定は絶対評価だけではなく、相対的な見方が避けては通れないということから来ています。したがって、**人事評価で得た情報を査定の基準でもってふるいにかけて、昇給率や月数、金額など数字を導き出していくまで含めてというのが正しい見方となります。査定というのは、そのための公正で公平なルール**ということになります。

課長　　当社でも一定の経験のある営業職だけにランキングを行って

第8章　人事評価制度

当期ベストセブンを選出して報奨金を支給しています。

コンサル　はい、営業職の報奨制度は、表彰制度の一環としての見方も
あるかと思いますが、査定という基準、ルールでとらえている
ことは違いないでしょう。次の職掌別の区分のときにあらため
て考えてみましょう。

課長　　新人や配置換えがあったばかりのまだ新しい業務に慣れてい
ない社員の扱いについてはどうすればよいのですか？

コンサル　はい、とくに総合職コースまたは一般職コースとして入社し、
社会人として未経験からスタートする新卒や第二新卒の社員に
ついては、一定の期間をOJT（On the Job Training：職場内訓
練）の訓練期間としてとらえ、賃金査定の対象外とするか、ま
たはその反映度を小さくすることもあります。

課長　　まだ経験の浅い正社員に対して、仕事基準で賃金が決まると
いう見方だけでは成り立たないということですね。

コンサル　さすが課長はめざといですね。正規の社員が非正規の社員に
日常業務を教わるということもあるわけですからね。人事は現
実を見据えないと、"生きた"使える制度とはなりません。机上
だけで考えてしまうと、空論に終わってしまうこともよくあり
ます。

課長　　管理職についてはどのようにみておけばよいですか？

コンサル　はい、まずは「担当する役割、責任度を評価して適正なマッチ
ングに配慮すること」ですね。これは、経営上きわめて重要な
意味合いを持っています。今現在、誰にどのような役割を与え
るのが最適なのかという選択を常に迫られていることですね。
最近では、まだ若い社員にも抜擢人事を行うなど柔軟で大胆な
運用も必要になってきています。

課長　　役割給との関連になってくるということですね。

コンサル　はい、次に管理職や一部の専門職ならではの「賃金など処遇
面での公正な決定に結びつけること」です。Mクラスに対して
は、JクラスやSクラスとは異なって査定の幅もかなり大きく
なってきます。**"賃金の変動費化"**とも言えるものです。これか

165

第Ⅱ編　実際のトータル人事制度設計——コンサルティング事例から

らは厳しい言い方にもなりますが、上がりっぱなしだけの賃金制度ではもたないということです。"賃金の変動費化"は、これからの人事のキーワードの１つに挙げられると思います。

課長　　先生がおっしゃるのは、階層によって評価基準、評価制度も区分せざるを得ないということですか？

コンサル　はい、人事評価はマネジメント全体にも関わる重要な制度であり、その目的はいくつもあります。そして、**コース別はもちろんのこと、さらに縦の階層、横の職掌による区分によって、賃金とあわせてこれに伴う評価についてもそれぞれ基準や運用を変える**ということがポイントです。

【階層ごとの評価目的】

全社員には……上司と部下との良好なコミュニケーションを図ること

Ｊクラス（一般社員）……日々の職務遂行の状況をみながら能力開発・指導育成する

Ｓクラス……組織運営上、効率的なジョブローテーション、昇格・降格等を通じ、公正な人材開発・処遇をする

Ｍクラス（管理職）……役割・責任度合いを評価し、適正なマッチングを図る

新入社員等……一定期間は訓練期間とみて、査定の反映度合いを小さくする

■職掌による区分

課長　　評価制度でも職掌別のとらえ方が重要になってくると言われましたが、具体的にはどうなるでしょうか？

コンサル　まずは分かりやすい営業職掌からみてみましょう。営業職は、担当売上額など常に数字を背負っています。個々の目標が明確に設定しやすい職種であることには違いありません。このことは、賃金へも比較的ストレートに反映しやすいとも言えるでしょう。言わば結果に対する責任がストレートに結びつく職掌でもあるわけです。すなわち、良くも悪くも数値結果をそのまま自己の成果、責任として受け入れやすいと言えます。しかも比較的若い、経験が浅いうちから自主的な営業活動を任され

166

ています。**業績評価に重点を置いた会社や部門ごとの独自の基準を設定した目標管理を重点においた評価制度**が適合すると言えます。

課長　技術開発職掌についてはどうでしょうか?

コンサル　A社の技術開発職掌は製造職掌により近い業務の人も多いですが、なかには研究職に近い純粋な開発に関わっている社員もいます。実際にインタビューを行ってお聞きすると、縦型組織というよりも、プロジェクトチームを中心として機動的に動かれているようです。言わばアメーバ型の組織とも言えます。このような場合には、他の部門のようなライン中心の評価ではうまくいきません。なぜならば、日々よく顔をつき合わせて仕事をしているのはむしろプロジェクトメンバーの方であり、ラインの長としての課長よりも、そのプロジェクトリーダーの方が評価者として適正な場合も考えられるわけです。

課長　ただし、プロジェクトの数が多い社員もいて、プロジェクトの始まりと終わりの時期もそれぞれ異なり、リーダーも異なるという問題もあります。

コンサル　目標管理制度の進め方にもなってきますが、プロジェクトごとの目標課題を設定し、そのウエイトもプロジェクトのジョブサイズによって振り分けるようなやり方を考えてもよいかも知れません。

課長　製造職掌についてはどうでしょうか?

コンサル　とくに製造ラインに所属する社員は、比較的縦割りの組織が明確で、各担当の割当ても明確になっています。また実際に組長や職長、班長などの監督職クラスが采配を振っていますよね。また、管理の対象となる人数も多くなります。経営用語でこれを「スパン・オブ・コントロール」と言いますが、このような場合にはシンプルで分かりやすい評価制度が使いやすいと言えます。A社では多能工化が課題として挙げられることもあり、目標設定を始めとして、能力開発や異動配置もこれを意図して運用していくことが望まれます。

第Ⅱ編　実際のトータル人事制度設計——コンサルティング事例から

課長　　　　業務など管理部門としては、どうなりますか？

コンサル　　管理・間接部門については、比較的明確な縦割りの組織と
なっています。各担当への業務割当ても比較的明らかにされて
いるところです。ただし、期待される成果については必ずしも
明らかではないところもあるので、**成果そのものよりもプロセ
スの方に重点を置いた評価基準**が使いやすいと言えます。

課長　　　　重点を置くということは、配点も変えた方がよいということ
ですか？

コンサル　　はい、そのとおりです。プロセスについて項目の数をより多く、
具体的に記述し、配点も高くするということに他なりません。

【職掌ごとの評価基準】

製造職掌……目標設定を始めとして、能力開発や異動配置もこれを意図して
運用

技術開発職掌……プロジェクトごとの目標課題を設定し、そのウエイトもプ
ロジェクトのジョブサイズによって振り分ける

営業職掌……業績評価に重点を置いた会社や部門ごとの独自の基準を設定し
た目標管理に重点を置いた評価制度

業務職掌（管理・間接部門）……プロセスの方に重点を置いた評価基準

■評価体系図

コンサル　　以上から、実際に使っていく評価体系図を作成してみましょう。

課長　　　　評価体系図とは、どのようなものですか？

コンサル　　はい、縦に階層（クラス）、横に職掌をとって、どのような区分
でとらえていくのか明らかにしてみるものです（**図表8-2**参照）。

■業績評価；MBO

課長　　　　体系としては理解できましたが、評価の構成、内訳について
はどのように見直していけばよいでしょうか？

コンサル　　はい、まずは**図表8-3**をみてください。

まず、川下に位置している、部下（被評価者）の今期期待す

第8章　人事評価制度

図表8-2 評価体系図の例

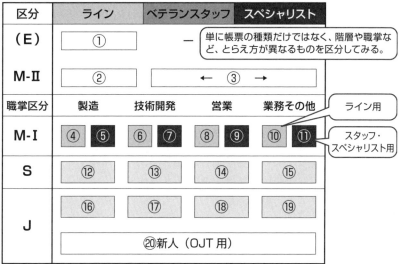

※番号は、職務内容が異なるために帳票を分けたり評価項目を変えたりするための区分を表す。

図表8-3 評価の構成図

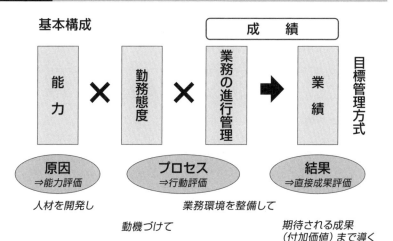

第Ⅱ編　実際のトータル人事制度設計──コンサルティング事例から

る**成果**について明らかにしてみましょう。成績とは当期末まで
に期待する仕事の成果を表すものです。なかでも「業績」とは、
直接成果、すなわち求める数値などの付加価値をズバリ指すも
のです。

　一方で、川上に位置している**能力**をみてみましょう、能力と
は原因、すなわち能力開発に役立てていくための最も基本的な
人材の要因となります。それ以外が途中経過状況でのプロセス
評価ということになるわけです。いわゆる**職務行動評価**とは、
業績以外のすべてにおいて幅広くとらえるものです。

　成績のなかの**業務の進行管理**とは、業績を補完する意味があ
り、評価期間末における業務の進捗状況についてとらえるもの
です。一方の**勤務態度**は、評価期間内における行動ぶりについ
て評価者が日々観察したうえで評価するものです。

　以上を前提として、これからの評価制度は、科学的に分析し
てみるという目を持つことが不可欠です。

課長　　なるほど、原因からすべてが良くて結果も良しとなれば最善
でしょうが、もしそうなっていなければどのように行動をとっ
ていけば、また日々の指導を行っていくことにより、業績向上
に導くことができるのか、常に改善の視点が大事だということ
ですね。

コンサル　はい、そのとおりです。先進的な大企業の事例を単に真似る
ことだけでなく、この要素ごとのつながりを考えながら、評価
者だけではなく被評価者も含めてすべての社員が理解し、活用
しやすいものを独自に設計していくことそのものに意義がある
ということです。

■業績評価と目標（による）管理制度

課長　　肝心な業績評価については、どのように設計すればよいで
しょうか？

コンサル　はい、業績評価については、中堅規模以上の企業では圧倒的
に多く見受けられる「**目標（による）管理**」方式で進めていく

第8章　人事評価制度

ことになります。

課長　　はい、しかしながら当社ではこれまでも目標管理制度を採り入れていましたが、うまくいっていないのです。

コンサル　それはなぜだと思いますか？

課長　　以前、社内でアンケートを採ったことがありますが、これがその結果です（**図表8-4**参照）。

① 目標管理制度の意義〜人事評価制度とは別モノ

コンサル　なるほど、他の企業でもよく聞くところです。これからはＡ社として、実際に使える目標管理制度を目指しましょう。そも

図表8-4　目標管理の実施状況についての社内アンケート結果（営業職の例）

目標管理の実施状況についての調査結果について

〔目標設定の段階で〕
・ノルマとして会社、上司から有無を言わさず押しつけられている。
・上司として部下の仕事をよく分かっていないので、自主性の名のもとに本人に目標設定が任せきりになっている。
・前期の振り返りが十分でなく、また期末の時点で次の期に向けて業務環境の予測が十分に行われていない。総花的、抽象的で社員のハートに響かない。
・数値で設定すべきだということで、よく分からないのに無理にこじつけで数値目標を設定することとなり、評価が難しくなっている。
〔途中経過の時点で〕
・達成はもう無理だと思ってあきらめ気分となり、目標達成の意欲が感じられない。
・放任主義に近い上司もいて、達成に向けての支援が十分ではない。
〔達成度評価の時点〕
・本人以外の理由で達成できないこともよくありがちだ（例；物流部門の責任による納期遅れがあったために営業社員の目標が達成できなかった……など）
・想定外のことが発生してしまった（例；前期は競合他社が当社の事業所のすぐ近くで営業所展開を開始し、強力なてこ入れもあって営業成績が伸び悩んだ……など）

171

そも、**目標管理制度**と、賃金など処遇決定も含む**人事評価制度**は、まったく別の次元の話なのです。

課長　　え？　それはどういう意味ですか？

コンサル　目標管理制度は、もともとは、ピーター・F・ドラッカーが著書『現代の経営』で発表したもので、原語（Management by Objectives and Self-control）を直訳すると、「自己統制からの目標によるマネジメント」となります。すなわち、「組織の目標と個人の目標の統合」を目指す組織論から来ているもので、人事評価制度云々を意味したものではなかったのです。

課長　　そのことは聞いたことはありますが、いつのまにか、業績を評価する技法ということになってきていますね。

コンサル　はい、目標管理制度イコール人事評価制度ではとらえきれないことをまずは頭に置いて、また導入後もステップを追って運用重視で進めていく必要がありそうです。そのためにも、階層別、職掌別に区分したうえで設計から運用を行っていきましょう。

課長　　あまり完璧を目指すと、かえってうまくいかないものという

図表8-5　PDSの成長サイクル

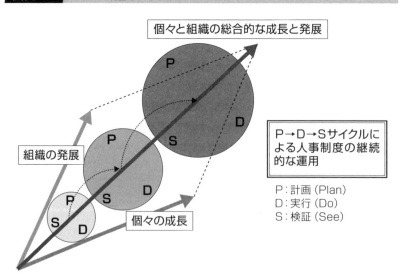

第8章　人事評価制度

ことでしょうか？

コンサル　はい、そのためのお膳立ても必要なのです。例えば、「直接成果」としての目標達成度に対し、これを補うための「間接成果」という業務の進行管理などプロセス評価欄を設けましょう。つまり、達成できなくてもいい線までは十分に来ているという段階を評価する仕組みを採り入れていくことです。これらのことは"あいまいさ"も含んではいます（見方を変えれば、柔軟性を持ち、導入後も実態に応じてさらに良いように変えていこうというスタンスを忘れないことです）。

課長　　先生は、トータル人事システム設計を開始する時より柔軟性を何度も強調されていましたよね。

コンサル　はい、**柔軟性**が大事と言うのには２つの側面があります。１つは企業経営からは当然のことですが、一番大事なのは、**業績を向上させるために十分に機能させていくこと**を前提とすること、もう１つは同一労働同一賃金に関する法解釈がまだはっきりしていないことです。つまり、**その都度の環境変化に応じて細かく丁寧に対応していくこと**が避けられないということです。

② 　目標設定の方法

課長　　それにしても、現場に任せて「あとは勝手に目標を設定してください」と言わんばかりのやり方でこれまでやってきたのですが、うまくいきませんでした。

コンサル　まるで白紙委任状のような目標管理用紙をみることがよくありますが、評価制度としてとらえる以上、課題の選択を本人に任せきりとすること自体が誤りです。法学部の学生にとって憲法が必須科目であるように、目標設定にも「必須科目（業務課題）」が当然にあります。すなわち、「必須項目」、あらかじめ必要だと思われる項目を多く洗い出して提示する「選択項目」、そして残るのが上司と話し合ってそれ以外にも当期に必要であると思われる項目を設定する「任意項目」の３区分で設定していくことが必要なのです。

課長　　なかには達成しやすい目標だけを設定してくる社員もいて、

173

第Ⅱ編　実際のトータル人事制度設計──コンサルティング事例から

図表8-6　必須項目の設定例

管理職

- ・組織目標達成度
- ・新規業務の開発
- ・業務変革度
- ・不測事態への対応
- ・部下指導育成実績
- ・部下のモラールアップ
- ・リーダーシップ発揮

業務職

- ・業務効率性
- ・納期管理
- ・経費管理
- ・予算進捗管理
- ・情報収集、分析
- ・業務の標準化
- ・情報システム化
- ・イメージアップ貢献度
- ・業務改善
- ・新規企画提案
- ・他部門への貢献度
- ・報告書作成、提出

これを認める甘い上司もいたりします。

コンサル　目標設定そのものが果たして的確であったかどうか否かを加点、減点で反映する別の評価項目をあわせて設定するようにしましょう。これは二次評価者の責任とも言えるかと思います。

課長　　管理部門などルーティンの仕事が中心な社員は、やって当たり前の本来の担当業務そのものを目標として挙げる例も多いです。

コンサル　「特別課題目標」と「日常業務目標」とに分けて設定してはどうでしょうか？　特別課題目標とは創造的でチャレンジングですが、達成に向けては不確実性とリスクを伴うものです。一方の日常業務目標は、定型的業務が中心で達成して当然の、重要であるがいわゆる守りの目標ということになります。例えば人事で言うと、諸手当を見直すということは特別課題目標にあたるもので、給料を間違いなく給料日に支払うよう日々、スケジュールに沿ってやるべきことを進めていくなどが日常業務目標となるわけです。例えばSクラス以上については、特別課題目標の設定を義務づけることなども考えられます。

174

第8章　人事評価制度

課長　　　そのためにも階層ごとに区分した方がよいということですね。

コンサル　「果たして組織業績に貢献できたか」という評価項目を、目標
　　　　　達成度とは別の見方で評価にあたっては加えることも考えられ
　　　　　ます。

課長　　　当社では数字など定量目標を強調してきましたが、営業以外
　　　　　ではどうもうまくいかないようです。

コンサル　これも大事な点です。**数値化以外の定性的な達成基準**について
　　　　　の記述方法についても柔軟に認め、労力はかかりますが、**マニュ
　　　　　アルには職掌別にできるだけ多く例示する**ようにしましょう。

課長　　　目標に設定しなかった業務については評価から漏れてしまう
　　　　　という意見もありました……。

コンサル　設定された目標以外の業務課題、その他の諸課題欄も設けて
　　　　　おくのも必要でしょう。すなわち、期の初めに設定した目標以外
　　　　　にも取り組むべき課題、仕事があるという前提に立つべきです。

課長　　　なるほど、また、一般職コースも含めて経験がまだ浅い社員
　　　　　に対しての目標管理はどのようにすればよいでしょうか？

コンサル　これまでA社でもそうでしたが、能力開発に関する目標には
　　　　　注意する必要があります。本人の資格取得など自己啓発目標は、
　　　　　それはそれでよいのですが、**業務に直結する目標とは一線を画
　　　　　す**必要があります。

課長　　　はい、能力開発目標はそれぞれまちまちで、意気込みは感じ
　　　　　られるのでよいのですが、評価としてどのように反映すべきか、
　　　　　困っています。

コンサル　いずれにしても**目標設定についてのルール**をきっちりと決め
　　　　　ましょう。

③　目標管理制度の問題点と留意点

課長　　　点数を算出してみると、どうもうまくいかなくなるのですが？

コンサル　査定として賃金などを決定するためには、点数化が避けられ
　　　　　ないところですね。これも悩ましい点です。点数化が難しい場
　　　　　合には、「期待を大きく上回った」、「まずまず」、「期待には達
　　　　　しなかった」程度の３段階評価にとどめ、最初はあまり大きな

175

第Ⅱ編　実際のトータル人事制度設計──コンサルティング事例から

　　　　　格差はつけないところから始めるべきです。昇給額や賞与額な
　　　　　ど、「賃金に差があって当然」という、前提の考え方から見直す
　　　　　べきです。

課長　　　現在ある目標の難易度づけがうまくいっていません。

コンサル　他社でも悩んでいるところです。目標管理の考え方からすれ
　　　　　ば、自分の等級に応じたレベルに必ずしも縛られる必要はな
　　　　　く、本人の意欲と適性に応じて達成できる可能性があるのであ
　　　　　れば、より高い目標を設定すべきだという考え方に立っていま
　　　　　す。このことは、目標が所属等級以上に困難で高い目標であっ
　　　　　た場合には何らかの形で報いるというのは当然です。これにつ
　　　　　いては、目標レベルが期待よりも高かったという場合には加点
　　　　　する方式を考えます。ここで大事なのは、逆の減点はしないと
　　　　　いうことです。

課長　　　運用にあたって注意すべき点は何でしょう？

コンサル　まずは**部下にとっての納得性**の面に重点を置くということで
　　　　　すね。課長はよくご存じですが、部下のやる気を損なわせてよ
　　　　　い人事制度なんて１つもないのです。

　　　　　　次に、どうしてもズレが生じる場合には、**最後の段階で調整
　　　　　する措置**をとれるように道を残しておきます。これが「加点方
　　　　　式」にも結びつくところです。

課長　　　目標設定のときに注意すべきところは何でしょう？

コンサル　目標設定の段階が一番大事なのです。共通認識を持つために
　　　　　目標設定の会合をぜひ設けてください。できれば研修形式で。
　　　　　私もご協力します。その場で**課題と達成基準についての理解度
　　　　　を統一させる**ことが重要です。どの程度のレベルが期待される
　　　　　のか、期首に上司と部下が明らかにしておくことが求められる
　　　　　のです。

課長　　　評価マニュアルには何を記述すればよいでしょうか？

コンサル　**目標設定の具体的事例を多く提示して**、しかもそれをフォ
　　　　　ローしたうえでさらに**より良いものに書き換えて追加していく**
　　　　　ことに尽きるかと思います。大事なのは、皆で協力して知恵と

176

経験を出し合って作り込んでいくという意識を共有していくことです。

課長　　面接も現場任せでうまくいっていないようなのですが？

コンサル　**コミュニケーションの場としてこれまで以上に重視**していくことです。例えば目標設定面接、進捗管理フォロー面接、達成度評価面接の3段階です。納得からの動機づけを一番に考えます。

課長　　その後の調整の段階で注意すべきことは何でしょうか？

コンサル　二次評価者を言わば関所と位置づけてこれまで以上に重要視していく必要があると思います。目標設定の段階で不十分だと思ったら二次評価者が一次評価者に差し戻して再提出を求めるなどといったことも行っていかなくてはならないのです。当然、人事も事務的なとりまとめ役にとどまらず、今まで以上に積極的に介入していってください。単に事務の取扱い部署として収まっていてはだめです。

　　　　　また、とくに賃金に反映する査定の基準と運用にあたっては細心の注意が必要となります。同一労働同一賃金のもとでは、制度や規程のみならず、会社の説明責任が問われ、場合によってはエビデンス、説明できる証拠を提示することも考えておかなくてはならなくなります。

課長　　大変厳しいですね。人事は人が足りないので大変です。

コンサル　そのとおりです。私からも社長にその点をお願いしておきます。**訴訟対策など新たなリスク管理としてとらえていく**ぐらいの真剣さが必要になってくるかと思います。いずれにしても、**評価制度では目標管理制度の運用が鍵**になってくることは違いありません。

第Ⅱ編　実際のトータル人事制度設計──コンサルティング事例から

【目標管理制度の進め方】
・目標による管理制度と評価制度とを直接的には結びつけない（当初は間接的連動にとどめる方式）。
・本来の目標による管理の目指す目的の原点に戻り、中期的スタンスから常に考え直してみる。放っておくとすぐに形骸化してしまう。
・段階を追って、例えばステップアップ方式で３年がかりでといった形で進めていく。
　─進展段階に応じてシンプルなものから応用編へと柔軟に変えていく姿勢が重要となる。

■職務行動評価

課長　　行動評価についての基準は、どうまとめていけばよいのでしょうか？　当社では現在、きわめてシンプルなものしかないですが……。

コンサル　行動評価基準の設計にあたっては、もともとは「コンピテンシー評価」が中心になっていたと言えます。これはアメリカにおける行動心理学から発生したもので、平均者よりも実際に高い成果を挙げている優秀者を基準とし、さらに能力あるヒトそのものよりも、成果からみた行動の方に注目したものです。また「〜する・〜している」という具体的な行動基準レベルで目にみえる形でとらえようとしたもので、階層や職種ごとに必要な特性を選択し限定したものです。

　　　　しかしながら、最近はコンピテンシーも以前ほど聞かれなくなり、一部のコンサルティング会社のツールとして活用されてきているようですね。

① 評価者を対象としたアンケートの実施

課長　　当社ではどのように進めていく方法が適当でしょう？

コンサル　アンケート（**図表8-7**）をA社の課長以上の評価者に対して実施したうえでまとめていきましょう。

課長　　この１枚で行動評価の基準が作れるのですか？

178

第8章　人事評価制度

図表8-7　評価基準策定のためのアンケート調査

① 担当業務を遂行するにあたって、守ってほしい重要なことは何ですか。

② 課員に対して、今後伸ばしてもらいたい知識、能力やスキルは何ですか。

③ 課員の担当業務において、「期待される成果」とは何ですか。

④ 課員にとって、自分なりの工夫を仕事に活かしていることは何ですか。
　【例】 関連部署とのコミュニケーションを密にするための連絡シートを自ら気づいて提案したことがあった。

⑤ 模範的な課員がとる（とらない）行動とは何ですか。
　【例】 経験のまだ浅い後輩が難しい顧客に接したときに（難しい案件に対応したときに）、さりげなく助言を行い、指示されなくてもその後の指導まで行っていた。

⑥ 課員に対し、今後、改善してもらいたい行動は何ですか。

⑦ 課員がやる気になるために上司として貴方はどのようなことを実行していますか。

⑧ その他、評価制度（評価基準・帳票・運用の仕方等）についての意見があれば、何でもけっこうですので記入してください。

179

第Ⅱ編　実際のトータル人事制度設計──コンサルティング事例から

コンサル　このＡ４判１枚のなかに、評価基準作成のための大事なエッセンスが入っています。アンケートの集計のときに、課長の方でチェックをお願いします。私はそれを受けて、基準のたたき台としてまとめていきます。

課長　　分かりました、早々にやってみましょう。アンケートの期間はどのくらいみておけばよいでしょうか？

コンサル　アンケートを採る場合はだいたいそうなのですが、週末をはさんで10日くらいというのが適当でしょう。それより長くても、未記入のまま机の中で寝かされることになりかねません。

課長　　先生は、他の企業の評価帳票（評価表）をご覧になって感じられるところはありますか？

コンサル　はい、最近の評価帳票をみると、業績の評価とは言っても数字だけの評価に終わっていたり、一方では、必ずしも明瞭とは言えずどうも実感としてとらえにくいとか、何となくプロセス評価のみというのもよく見かけます。一言で言うと評価者にとって分かりにくく使いづらいものですね。評価者にとってさえそうですから、評価される側からすればなおさらです。同一労働同一賃金に向けた評価は、明確に担当業務の結果としての成果；業績、勤務態度と能力評価を明確に設定したうえで理論的にも説明がつき、また誰がみても分かりやすい、その会社独自の評価基準を作り上げることが必要ではないでしょうか。

　評価基準に「勤務態度」のない評価制度も見かけますが、責任感やチームワークなどの仕事に向かう姿勢も大変重要です。コンサルタントとして感じるのは、昔も今も勤務態度を抜きにして評価は語れないということですね。期待される能力に基づいてどの程度開発されてきているかの能力評価も、能力給に密接に関わるだけに今まで以上に精査して行っていく必要があると思います。

②　行動評価項目の設定

課長　　アンケートの集計ができました。職掌ごとにまとめてありま

す。これをもとにどのような項目でとらえていけばよいでしょうか?

a　業務プロセス

コンサル　まずは「業務の進行管理(プロセス)」です。これは、直接成果としての業績を補足的にとらえる項目です。単に目標達成度では評価できない業務の進展の度合いについて職掌ごとに整理してみましょう。

b　勤務態度

コンサル　先ほどご説明したように重要な項目ですので、さらに細分化して分かりやすくしていきましょう。

課長　管理職についても勤務態度の項目は必要でしょうか?

コンサル　考え方次第ですね。私はあった方がよいと思います。管理職本人というよりも、部下の勤務態度についてのマネジメントを行っているかという見方もあるかと思います。ただし、ウエイト(配点)については、非管理職よりも小さくすることはあるでしょうね。

課長　どのような要素が考えられるでしょうか?

コンサル　例えば、あらかじめ定められた組織で決まっているルールを守ったかどうかの「職場規律」やマネジメントの立場からの「コスト意識」、それぞれに割り振られた担当業務に対する「責任感」、組織運営が円滑に行うように気配りを行う「チームワーク(協調性)」、職務への前向きさの「向上心(改善意欲)」や業務に直接に関係ないものの自らスキルアップに励む「自己啓発意欲」などが挙げられます。

■能力評価

課長　能力評価についてはどのように考えていけばよいでしょうか?

コンサル　はい、部下の能力をどのように評価すればよいかとなると難しいところがあります。なぜならば、能力を直接測る手段を私たちは持ち合わせていないからです。したがって、日々の職務

第Ⅱ編　実際のトータル人事制度設計──コンサルティング事例から

行動の観察の積み重ねから、評価の時点での真の実力としての
到達度を評価せざるを得ないということになります。能力評価
には、「習得度」と「精神的習熟度」とに分かれますが、まずは
習得度からみていきましょう。

　「習得度」とは、職務を遂行していくうえで最も基本となる能
力であり、さらに「知識」と「技能（スキル）」の2つに分かれ
ます。

　「知識」とは、本やマニュアルなどの文書や研修などを通じて
目や耳すなわち頭から習得する能力であって、ペーパー試験や
業務に関連する資格を取得しているかどうかでも測ることが可
能な評価項目と言えます。

課長　　　階層ごとにはどのように対応すればよいですか？

コンサル　もちろん、階層、クラスによって必要な知識レベルが変わっ
　　　　　てきます。Jクラスや一般職コースのOクラスに求められる基
　　　　　礎知識から、Sクラスにおける応用知識、さらにMクラスなど
　　　　　のマネジメント及び専門知識まで段階を追って設定します。

課長　　　「技能」はどのようにとらえればよいですか？

コンサル　英語の「スキル」と言い換えてもよいと思います。職務に必
　　　　　要なスキルについて経験を通じて体得、マスターしていくもの
　　　　　を指します。なお、Mクラスなどの上位階層や研究職などにつ
　　　　　いては「技術」と言った方がなじみやすいですね。実際の業務
　　　　　では、製造職掌では溶接技能などがあてはまります。事務職掌
　　　　　などでは、OA関連の操作に関する能力などが挙げられます。た
　　　　　だし機械化や情報化によって変化するものであることは間違い
　　　　　ありません。

課長　　　「精神的習熟度」とは、聞きなれない言葉ですね。

コンサル　人事用語の1つですね。能力評価のうち、応用能力としての
　　　　　精神的な習熟度合いを示すものです。どの程度業務にこなれて
　　　　　きているのか、いわゆるつぶしがどの程度きくかについて一時
　　　　　点での到達度として測るものと言えます。

課長　　　習熟能力の項目ではどのようなものがあるのですか？

182

第8章　人事評価制度

| 図表8-8 | 精神的習熟度の評価項目 |

①**判断力（分析力）**▶担当業務に対する基本的な理解度（インプット能力）や実際の仕事が高度化するに伴う応用能力の到達レベル

②**企画力**▶独自のセンス（感性、独創性）を発揮して新たな価値を生み出したり、創造的な提案ができる能力の到達レベル

③**折衝力（基本は報告/連絡/相談などコミュニケーション力）**▶業務で必要な対人関係のすべてにわたり、広く表現に関する能力の到達レベル

④**リーダーシップ発揮力**▶組織の縦の関係をみて、リーダーシップを発揮する能力の到達レベル

コンサル　**図表8-8**の４つが挙げられます。

評価制度への具体的落とし込み

■**着眼点の作成**

課長　　　評価項目のなかの着眼点はどのようにとらえればよいですか？

コンサル　実際に評価する際に、それぞれの評価項目のとらえ方について複数の具体的な文章形式で表したものです。これこそが現場を巻き込んで評価者のみならず評価される側の被評価者がピンとくるような生身の表現とすることが大事なのです。

課長　　　アンケートから以外でも、基準として採り入れる材料はありますか？

コンサル　社長が年頭のあいさつで強調されるようなこと、毎日の朝礼で唱和されるようなこと、就業規則のなかに服務規律や表彰の対象となる行動例などで独自な表現で盛り込まれていることなどのなかから重要と思われる事項を盛り込んでいけばよいのです。すなわち、その会社の社員に対して期待される、またはやってほしくない行動としての生きた基準がそこに盛り込まれているようにしていくということです。

183

第Ⅱ編　実際のトータル人事制度設計──コンサルティング事例から

図表8-9 ５段階絶対基準の例（成績・勤務態度評価）

※能力評価の場合

段階	各段階の内容
S／5	◦その上位の等級の基準で評価してもＡである ※きわめて優れている
A／4	◦期待し要求する程度を上回る 　…ミスや問題がなく業務は完全に遂行され、申し分ない状態 ※優れており申し分ない
B／3	◦期待し要求する程度 　…若干のミスや問題があったとしても、全体的にはよく業務が 　遂行されている状態
C／2	◦期待し要求する程度を下回る 　…不十分な点はあるが、何とか業務は遂行されている状態 ※ややもの足りない水準にある
D／1	◦業務に支障をきたす状態 ※劣っており努力を要する

課長　　　なるほど、それこそがオリジナル版ということですね。

■段階の設定

課長　　　先生、評価段階はどのようにとらえればよいですか？

コンサル　評価段階とは、期待基準を中心としたうえでの評価の幅を、段階でもって設定するものです。

　　　　　一般的な日本企業の絶対評価では、Ｂを基準（標準）としたSABCD（５・４・３・２・１）の５段階方式が最も多く採用されています。

■ウエイト（配点）の設定

課長　　　配点はどのように決めればよいですか？

コンサル　既にお話ししたように、点数化、ウエイトの配分はあくまでも手段にしか過ぎません。したがって、点数だけに関心がいく

184

第8章　人事評価制度

のは問題です。言わば手段としての必要悪とも言えるかも知れません。1つ言えるのは1枚で100点満点とすることですね。そうしないと判断を見誤ってしまうことになりかねません。

■シミュレーション（検証作業）の実施

課長　　いよいよ、新評価制度への移行の時期も近づいてきました。

コンサル　ちょっと待ってください。人事賃金制度設計すべてにおいて言えることですが、最も重要なのが**シミュレーション**です。**検証をしてみて導入可能かどうか、問題点や矛盾点をすべて洗い出して、最終的な判断を行う**わけです。これにあたっては、机上での理屈からだけではなく、社員の納得性、公平性の面からみてどうかという視点から、あたかも本番のつもりで、現実的にシミュレーションを繰り返し実施するしかありません。これを十分にやりきるかどうかが、評価制度を失敗させないための鍵になります。

課長　　期間が限られており、難しいと思うのですが……。

コンサル　被評価者全員に対して実施することが難しければ、部門を限定して期間は3か月としてやってみましょう。"並行ラン"という方法もあります。これは**従来の評価制度はそのまま続けながら、新しい制度でもトライしてみる**ということです。社員に対しては会社の慎重な姿勢を表明でき、安心感にも結びつくものです。

評価シート例については章末（190頁以下）を参照。

評価の運用

課長　　先生が人事制度設計にあたってよく言われる「ハード」と「ソフト」とは、人事評価制度ではどのように理解すればよいですか？

コンサル　人事評価制度で言う「ハード」とは、帳票などの制度面、「ソフト」とは、研修や苦情処理委員会などの実際の運用面を表す

185

第Ⅱ編　実際のトータル人事制度設計──コンサルティング事例から

ものです。評価制度を効果的に進めていくためには、制度面は
もちろんですが、社員全員が理解、納得し、より公平で、しか
もやる気を促すように、運用面を重視しつつ進めていくことが
欠かせません。

課長　　ここで言う「ソフト面」とは具体的にどのような施策が考え
られるでしょうか？

■意識向上

コンサル　まずは社長を始めとした経営トップが音頭をとって、評価者
及び被評価者双方の意識を向上させていくことですね。評価者
から、「当社には基準がないので公正な評価ができない」と、ま
るで他人ごとのように言われることがありますが、このような
ところから喚起していく必要があると思います。

課長　　課長クラスは皆忙しいので部下の評価や指導に時間を割けな
いという悩みを聞きます。部下の行動の観察や面接などに時間
をとることができないという声も聞きます。

コンサル　マネジメントで最も重要なことの1つは、適正で公平な人事
評価を通じて部下を動機づけ、指導育成を行うことです。裏を
返せば、**適正な評価を行える管理職が真に求められる人材であ
り、これに適応する人材を当社の将来を担う幹部として抜擢す
る**気構えで行うべきです。実際に他のある企業では、評価帳票
のなかに、「評価のフィードバックを適切に行っている」とか、
「目標の達成に向けて必要な行動を部下に分かりやすく説明し
ている」などの項目を採り入れているくらいです。

■評価委員会

課長　　賞与や昇給時の査定の進め方も現状では十分とは言えません。

コンサル　評価委員会の構成から見直していきましょう。賃金決定のた
めの査定会議というよりも、**部門を代表する評価者を中心とし
て、当期に実際に起きた事例について合議により全社で統一し
た見解としてとりまとめていくことを進めていきましょう。ま

186

第 8 章　人事評価制度

た、同一労働同一賃金のもとでは評価が鍵を握る、と何度もお伝えしてきたことですが、クレーム対応も含めて、被評価者から質問があった時には会社全体としてもきちんと答えていくことがこれからは必要です。

■評価者研修

課長　　　評価表の設計までできたら、ぜひ評価者研修もやりたいと思っています。

コンサル　評価を適正に行っていくためには、**評価基準の解釈の統一**は欠かせません。そのためにも応用力は必須です。なぜなら、実際の評価は、同じ課の同期生であっても業務環境が異なり、実際にとった行動も異なり、また同じ部下１人をみても前期と今期でまったく異なってくるものであり、すべて応用になるからです。

　　　　　　このように評価は、基礎的な理論も重要、応用の場での判断も重要で、難しい代物なのです。

課長　　　実際、甘辛を始めとして、評価者の主観に流されるという問題を指摘する声が非常に多いです。

コンサル　研修は、新しい人事評価制度導入時はもちろんですが、熱心な企業では、**ケーススタディを中心とした定期的な評価者応用研修**を毎年実施しています。目的によってさらに目標設定研修、面接体験実習、二次評価者を対象とした調整のあり方の研修などさまざまです。

課長　　　応用研修でのケーススタディはどのようなものですか？

コンサル　はい、一番望ましいのはインタビューやアンケートなどを通じて実際にあった部下の業績結果や職務行動についての事例を集めてこれを参加者にぶつけてみるものです。

課長　　　評価者以外の研修はないのですか？

コンサル　よい質問です。最近では評価される側の**被評価者研修**にも関心が高くなってきています。リーダーシップ研修に対してフォロワーシップ研修も重要だと言われますが、評価においても、

187

第Ⅱ編　実際のトータル人事制度設計──コンサルティング事例から

評価者及び被評価者双方の理解が高まって初めて、少しずつうまく回っていくものだと思います。

■評価マニュアル

課長　　評価マニュアルとは、どのようなところまで作成する必要があるでしょうか？

コンサル　はい、例えば、職掌・等級ごとに、Ａ基準例（期待を超えて優秀な事例）とＣ基準例（期待に達しない事例）の双方から事例形式で紹介すると分かりやすいです。これをみると、基準値とは、Ａにはまだ達してはいないがＣは超えているという判断となり、これがまさに現実感覚となるものです。

課長　　どのような方法で作成していくのですか？

コンサル　このマニュアルを作成するにも研修を通じて行います。参加者の意識と理解を高め、**グループごとにテーマを別に設定した**

図表8-10　評価マニュアルの例

「顧客ニーズの把握」〔Ｊ-２級/営業職掌〕

Ａとみなされる事例

・営業活動を通じて商品、価格構成についての顧客ニーズについて自分なりに判断できている。

・クレームへの対応の際、顧客に誠意を示しつつ自分の対応できる範囲を理解したうえでの行動をとっている。

・今までに直接経験がないミスやトラブルであっても、後処理を適切に行ってカバーすることができている。

・顧客とのさりげない会話の中できっかけをつかみ、関連情報を聞き出しながら話を進めている。

Ｃとみなされる事例

・顧客が望む商品ラインを判断し、それに合った説明方法を選択することができるレベルに達していない。

・クレーム対応にあたって、マニュアルのフロー図を十分に理解しておらず、ときに自分勝手に理解してしまうことがある。〔以下、省略〕

第8章　人事評価制度

討議を重ねる方法により、最後に全社的に統一見解としてとりまとめていきます。このメリットとしては、討議に参加できない、新任の管理職者や被評価者への参考書にもなることが挙げられます。

課長　　時間と労力はかかりますが、ぜひ作りたいですね。

第8章	ポイントまとめ

- ⬤ 評価基準の策定にあたって、人材ビジョンを明確にし、複線的人材モデルを描く
- ⬤ 同一労働同一賃金のもとでは、評価基準も、客観的・合理的に説明がつくようにする必要がある
- ⬤ コース・階層・職掌ごとに評価の区分を的確にとらえる
- ⬤ 評価は、業績・職務行動評価（業務の進行管理＋勤務態度）・能力で複合的に構成するのが基本
- ⬤ 業績評価は目標管理方式が基本。ただし、目標管理制度は、賃金・処遇を決定する人事評価制度とは別物であることを念頭に
- ⬤ 新評価制度の本格導入前のシミュレーション（検証）が重要
- ⬤ 評価のソフト面（運用）は、評価者の意識向上、評価事案に対する全社的な統一見解を共有することが重要。評価者研修、評価マニュアルの作成が有効

189

第Ⅱ編　実際のトータル人事制度設計──コンサルティング事例から

〔資料D〕 Jクラスを中心とした製造職掌の「成績・勤務態度評価表」の例

製造職掌成績・勤務態度評価表

期間	自	年　月	所属		被評価者(部下)		評価者(上司)			
	至	年　月			社員コード		一次評価者			二次評価者
項目			チェックポイント			一　　次	一次	二次	メモ(気づいた点)

		チェックポイント	一　次	一次	二次	メモ(気づいた点)
仕事を効果的に進めていくために	①仕事の量	**仕事量** ○標準とされる業務の量をこなしていたか	◎・○・▼・─	S A B C D	S A B C D	
		仕事の速さ ○仕事の速さは、基準に沿ったものだったか	◎・○・▼・─			
	②仕事の質	**仕事の精度** ○できあがった製品は信頼がおけるものであったか	◎・○・▼・─	S A B C D	S A B C D	
		○仕損じ品の発生件数(率)は、とくに多くはなかったか	◎・○・▼・─			
		○報告書からみて異常品の問題はなかったか	◎・○・▼・─			
		仕事の段取り ○作業の準備段階での段取りは適切であったか	◎・○・▼・─			
		○作業手順は守っていたか	◎・○・▼・─			
		○担当する設備・機械・器具を正しく操作していたか	◎・○・▼・─			
		○原材料や部品を正規の手順で取り扱い、また保管については適正に行っていたか	◎・○・▼・─			
		○職場の整理整頓には努めていたか	◎・○・▼・─			
		安全管理 ○事故がないように安全には心がけていたか	◎・○・▼・─			
		帳票管理 ○書類(作業記録・報告書)などの記入と管理は適正に行っていたか	◎・○・▼・─			
		トラブル対応 ○大きなトラブルはなかったか（トラブルが起きたときの対応は適切であったか)	◎・○・▼・─			
		チェック・確認 ○漏れがないように常にチェックと確認を行っていたか	◎・○・▼・─			
		報告・連絡・相談 ○必要な際にはすみやかに報告、連絡、相談をしていたか	◎・○・▼・─			
		○情報を上司や関係者に適切に伝えていたか	◎・○・▼・─			

※Sクラスでは、①仕事の量・②仕事の質に代えて、目標管理制度（MBO）と連動させて達成状況を評価するなど、コースやクラスによって目標管理制度の反映の仕方を変えることが考えられる。

第8章　人事評価制度

仕事への取組み姿勢・勤務態度	③会社方針	会社方針		S A B C D	S A B C D
		○創業理念・ビジョン・企業行動指針を理解し、これに沿った行動を心がけていたか	◎・○・▼・－		
	④規律遵守	身だしなみ			
		○服装などの身だしなみは適切なものであったか	◎・○・▼・－		
		健康管理			
		○健康に留意して日々の体調管理にも気をつけていたか	◎・○・▼・－		
		○健康診断をきちんと受けたか	◎・○・▼・－		
		勤怠管理			
		○出勤状況はまじめだったか（規則に従っての有給休暇取得は対象としない）	◎・○・▼・－		
		○遅刻や早退について、とくに問題はなかったか	◎・○・▼・－	S A B C D	S A B C D
		○休憩時間は決められたとおり守っていたか	◎・○・▼・－		
		規律			
		○就業規則や規則を正しく守っていたか	◎・○・▼・－		
		○法令及び社内規則に則って備品を正しく使っていたか	◎・○・▼・－		
		○職場のルールを守っていたか（喫煙にあたっては、指定場所やルールを守っていたか）	◎・○・▼・－		
		○フォークリフト等の安全運転を心がけていたか	◎・○・▼・－		
		○勤務時間中はみだりに職場を離れず、また休憩が終わるとすみやかに勤務場所に戻っていたか	◎・○・▼・－		
		指示遵守			
		○上司の指示に対しては素直に従い、ふてくされることはなかったか	◎・○・▼・－		
	⑤責任感	○自分が受けた仕事は最後まで手をぬかず、誠実に成し遂げようとしていたか	◎・○・▼・－		
		○困難なあるいは面倒な仕事でも嫌がらずに進んで行っていたか	◎・○・▼・－		
		○常日頃から納期の遵守には心がけていたか	◎・○・▼・－	S A B C D	S A B C D
		○定時にはできないと決めつけずに頑張ろうとしていたか	◎・○・▼・－		
		○時間外勤務ややむを得ない休日出勤等の依頼があったときにはできるだけ応えようとしていたか	◎・○・▼・－		
	⑥チームワーク	○上司や先輩に対して自ら協力しようとしていたか	◎・○・▼・－		
		○同僚や下級者の仕事の進み具合にもよく気がついて、自発的に手伝おうとしていたか	◎・○・▼・－		
	⑦向上心・前向きさ	○機械や器具に関する知識や技能を習得し、さらなる向上に向けて努力していたか	◎・○・▼・－		
		○多能工化に向けて、自らも積極的に取り組んでいたか	◎・○・▼・－	S A B C D	S A B C D
		○手空き時間があれば他の仕事にあてたり、他の工程を手伝うなど、勤務時間を有効に使おうとしていたか	◎・○・▼・－		

★実際の職務行動から
- ◎：評価すべき模範的行動として、常日頃より多く見受けられた
- ○：常ではないが、時に評価すべき行動が見受けられた
- ▼：むしろ改善すべき行動として見受けられた
- －：該当する行動はとくに見受けられなかった／どちらともいえない

★評価基準はBを基準として右のとおり
- S：はるかに卓越した成果だった
- A：優秀で申し分がなかった
- B：要求されている成果には達した
- C：やや不満足な成果で、今後の課題も残した
- D：期待基準には達せず、少なからず問題があった

191

第Ⅱ編　実際のトータル人事制度設計――コンサルティング事例から

〔資料E〕 Jクラスを中心とした製造職掌能力評価表の例

製造職掌能力評価表

期間	年　　月現在		所属		被評価者(部下)		評価者(上司)			
					社員コード		一次評価者		二次評価者	
項目			チェックポイント				一　　次	一次	二次	メモ(気づいた点)
仕事を進めていくために必要な知識や技能	ベースとなる知識		**仕事で必要な知識**							
			○会社概要について知っているか				◎・○・▼・−	S A B C D	S A B C D	
			○所属課のラインの業務や役割について知っているか				◎・○・▼・−			
			○担当業務に関する法規・規則・マニュアルについての知識は十分にあるか				◎・○・▼・−			
			○担当業務の段取りや運用、処理方法について知っているか				◎・○・▼・−			
			○業務で必要な得意先や社外関係者の名前・場所・担当者・特徴などの重要事項を知っているか				◎・○・▼・−			
			○自社製品全体についての知識はあるか				◎・○・▼・−			
	ベースとなる技能		**仕事で必要な技能**							
			○仕事で必要なスキルや技術を身につけているか				◎・○・▼・−			
			○仕事で求められる資格を取得しているか				◎・○・▼・−			
仕事を十分にこなしていくための応用能力	理解し、判断する能力		**仕事の本質の理解**					S A B C D	S A B C D	
			○上司・先輩・関係者からの指示や連絡事項について正確に理解しているか				◎・○・▼・−			
			○自分で処理できる、できないことのけじめをきちんと分かっているか				◎・○・▼・−			
			○担当する仕事の優先順位について理解しているか				◎・○・▼・−			
	企画(創意工夫)する能力		**仕事の工夫と効率化**					S A B C D	S A B C D	
			○担当業務のスケジュール、段取りの設定は正確にできているか				◎・○・▼・−			
			○仕事を効率的に進められるよう、作業の工夫や改善を行うことはできているか				◎・○・▼・−			
			○意見を求められて独自のアイデアを示すことができているか				◎・○・▼・−			
	コミュニケーション能力		**仕事で必要なコミュニケーション力**					S A B C D	S A B C D	
			○現在の業務の進行状況等を上司や先輩・関係者に的確にかつ迅速に報告・連絡・相談を行っているか(取次は正確に行うことができているか)				◎・○・▼・−			
			○担当業務で必要な通知や報告書等の文書作成では正確にかつ簡潔にまとめられているか				◎・○・▼・−			
			○社内外の人と接するときや電話対応において的を射た説明や依頼ができているか				◎・○・▼・−			
	実行する能力		**行動力をもって仕事に活かす**					S A B C D	S A B C D	
			○目標意識が明確で、目標達成に向けて仕事を進めていくことができているか				◎・○・▼・−			
			○担当業務について信頼感を持って最後まで任せられるか				◎・○・▼・−			
			○朝礼や会議などグループでの活動の場ではリーダーシップを発揮できているか				◎・○・▼・−			

★実際の言動から
- ◎：期待を超えて模範的である
- ○：ほぼ期待どおりといってよい
- ▼：期待に応えていないところも見受けられる
- −：該当する事項はとくに見受けられない／どちらともいえない

★評価基準はBを基準値として客観的に判断した場合
- S：要求される能力を大きく超え、上位基準からしてもA
- A：要求される基準を超えており、優秀
- B：等級に要求される基準どおり
- C：要求基準には達していないところがある
- D：要求基準には達しておらず、問題がある

192

第8章 人事評価制度

〔資料F〕 新人用OJTシートの例

業務チェックシート（入社1年未満中心）

部署　　　部/　　　課/社員コード　　　/氏名　　　　　/生年月　年　月/入社年月　年　月

項目		番号	着眼点	本人チェック			上司
				①できた	②まだ不十分	③その他（理由）	
仕事の成果	業務の遂行	1	担当する業務はどの程度こなせたか（処理件数・量）				
		2	仕事を進める速さの面ではどうであったか				
		3	仕事の質の面（最終的なできばえ）はどうであったか				
		4	仕事において、定められたスケジュールに沿って実行することができたか				
		5	仕事の処理手順や方法は、マニュアルや仕様書などに沿って適切に進められたか				
		6	同じミスを繰り返すことはなかったか				
		7	担当の仕事に関して資料・情報等の整理は適切に行えたか				
		8	会議への参加、取り組み方は適切であったか				
	情報収集	1	仕事に関する情報を収集できていたか				
	報告・連絡・相談	1	普段より、上司や先輩、同僚とのコミュニケーションを密にとっていたか				
		2	上司への報告にあたって、文書に簡潔にまとめることができたか				
		3	業務連絡に関して、あらかじめ定められていた報告書や書類などの作成は適切であったか				
		4	必要な際には質問を適切に行っていたか				
		5	社内や社外からの助言や意見があったときには素直に受け入れていたか				
	不測時の対応	1	クレームが発生したときには、自分の置かれた立場を踏まえてすみやかに対応したか				
		2	事故や緊急連絡事項が発生したときの対応は適切にできたか				
		3	一般に起こり得る軽微な故障などの際の一次的な修理対応はできたか				
仕事に取り組む姿勢	仕事に取り組む姿勢	1	顧客や取引先に対しては常に誠実に対応していたか				
		2	仕事に対するやる気を見せていたか				
		3	何ごとにも積極的な姿勢で臨んでいたか				
		4	職場の雰囲気を良くするように心がけていたか				
		5	社内・社外の人とのつながり（ネットワーク）を作ろうとしていたか				
				①まずまず	②まだ努力が必要	③その他（理由）	
職能・スキル	基本知識の習得状況	1	会社概要に関する知識を得ているか				
		2	所属部署の業務概要や役割についての基礎知識を得ているか				
		3	担当業務に関する法規・規則・マニュアルについての基礎知識を得ているか				
		4	担当業務の手続きや運用、処理方法に関する基礎知識を得ているか				
		5	日常業務で必要な得意先や社外関係者の概略知識（名前・場所・担当者・特徴などの重要事項）を分かっているか				
	資格等級	1	業務に必要な免許・資格を取得しているか				
	基本技能	1	担当業務における設備・機器・機材の基本操作方法をマスターしているか				
		2	担当する施設・設備・機材の保守管理は適切に行っているか				
	応用能力	1	報告書の作成や重要事項など適切に判断し報告を行うことができるか				
		2	自己の裁量範囲についてわきまえているか				
	健康・タフネス	1	休憩時間はリラックスし、また余暇は健康に過ごせているか				
		2	職場に適応してきているか				
		3	場に応じての気持ちの切り替えはできているか				

注：③は該当する事実がなかった場合も含む

今後に向けての課題	〔本人〕

今後の指導、育成のポイント	一次評価者　/氏名	印	/職位	
	二次評価者　/氏名	印	/職位	

注：新入社員、とくに新卒社員としてのＪクラスの１年目については、賃金に反映させることを主眼とするのではなく、OJTから能力開発、指導育成に重点を置いた評価表にした方がよい。
　着眼点をより具体的、身近なものとして、しかも数を多くした〇×方式で行う方法がよい。本人が半月など短い期間ごとにセルフチェックできるように配慮することがコツ。

第9章　パート社員等非正規社員

第9章
パート社員等非正規社員

パート社員の人事制度の基本的な考え方

課長　　先生、パート社員についてはどのように考えていけばよいでしょうか？　当社では、正社員が1日8時間で週40時間の勤務に対し、パート社員は7時間で週35時間の勤務となっています。正社員とは異なって時給制としています。また職種としては、工場の技能職と営業所の一般事務職となっています。

コンサル　パート社員の人事制度の見直しは、同一労働同一賃金に向けて重要な課題となりますね。ただし、意識調査を行ってみると、幸いなことに不満はそれほどないようです。

課長　　はい、当社ではパート社員も重要な戦力として位置づけています。パート社員も含めた全社員に対して多能化が経営方針として挙げられていますが、パート社員については正社員ほど長期的ではありませんが育成を計画的に進めていきたいと思っています。

コンサル　まずはパート社員独自の等級制度を設けましょう。勤務時間が短すぎるとあてはめることが難しいのですが、A社ではパート社員も週に30時間以上ということですから可能だと思います。

課長　　これまで検討してきた総合職や一般職の等級制度とは、どこが異なるのでしょうか？

コンサル　一言で言うと、正社員の等級制度が長期的視野でとらえていくのに対し、**パート社員の等級制度は中期的視野での経験年数に応じたシンプルなもので、しかも担当職務のレベルにも対応したものとすること**です。等級数も3等級程度に限定されるかと思います。

195

第Ⅱ編　実際のトータル人事制度設計──コンサルティング事例から

課長　　等級の内訳としてはどのように設定すればよいでしょうか?

コンサル　はい、まだ経験が浅い層(P-1級に該当)とベテランでしかもそれに見合う職務に就いている層(P-3級に該当)とにまず区分し、次にその中間段階(P-2級)を設定すればよいと思います。このような設定を「**3段階区分方式**」と呼んで、私たちコンサルタントはよくこのような区分設定を行います。**両極を明確に区分したうえで、次に真ん中を決める**という現実的なアプローチだということですね。

図表9-1　等級の内訳設定

等級	能力と役割の段階
P-3級	複数の業務において豊富な経験を持つ熟練パート社員で、かつこれにふさわしい職務に就いている者
P-2級	経験を重ね、自己の担当業務を持ってこれを独力でこなせるパート社員
P-1級	初心者、見習い段階のパート社員

196

第9章　パート社員等非正規社員

図表9-2　パート社員等級制度のフレームワーク

等級（呼称）	P-3級〔エキスパート〕	P-2級〔シニアパート〕	P-1級〔ジュニアパート〕
パート等級モデル	○P-2級から最短で1年以上経過した者	○P-1級から最短で1年以上経過した者	○まったくの未経験者からスタート
昇格の基準	○パート用の人事評価：A以上 ○現場長の面接	○上司の推薦 ○勤怠状況（報告・連絡・相談） ○日常業務でのチェック	―
期待される業務遂行レベル	○業務方針や手続きについての要点のみの指示を受けて、パートとしては複雑な業務を自らの経験・判断で遂行する ○日常の定型的業務については後輩パートへの助言もできる	○上司・上級者の一般的な指示を受けて、日常定型的な業務は定められた手順に従って標準的な速度でこなす ○イレギュラーな状況が発生したときは、具体的な指示を待って処理する	○上級者からの個別・細部にわたる具体的な指示を受けて、補助見習い的あるいは限られた範囲の基礎的な定型業務を処理する
必要な知識・技能・経験	○パートの担当業務についてはベテランとしてみなされる技能・経験 ○社内関連業務についての一般知識	○担当業務についての実務知識 ○職場の慣例やルールについての一般知識	○担当業務の手続き・処理方法・スケジュールについての基礎知識 ○一般的な社会通念と基礎常識
人事評価のポイント	○今後とも長期雇用を考慮するか ○リーダーシップ面ではどうか	○仕事が安定的に進められ、むらがないか ○単独業務は任せられるか	○基本的な能力はどうか ○協調性はどうか ○健康面ではどうか
賃金の基本的な考え方	○能力・成果をより重視する	○経験を考慮する	○初任時給から設定する（未熟練者としての相場を考慮し、また最低賃金を下回らないこと）
能力開発－教育訓練	○適性検査を実施する	○中堅者再教育 ○顧客指向（CS）教育 ○個々の日常業務からチェックする	○導入時教育 ○P-3級上級パートより、現場で見習う

197

第Ⅱ編　実際のトータル人事制度設計──コンサルティング事例から

パート社員の賃金制度の設計

■賃金の基本的な考え方

課長　　パート社員の賃金についてはどのように考えていけばよいですか？

コンサル　今後はこれまで以上に適正な賃金管理を行っていかなくてはいけません。

課長　　はい、ここ何年か最低賃金もかなり上がってきたので時給についてもここ何年か見直しを行ってはきましたが、現在、募集しても人がなかなか集まらず、またコスト面からみると悩ましいです。

コンサル　パート社員に対しても能力主義を基本に置きつつ、**担当職務からみた客観的な基準**をあてはめていく必要があります。これまで以上に公平性と納得性が問われることになってくるのは間違いありません。

■手当の設定の仕方

課長　　手当はどのように考えていけばよいでしょうか？

コンサル　はい、実はパート社員等非正規の社員の見直しにあたって、最も重要な課題の1つが手当になります。結論から言うと、勤務時間が短いということを除けば、基本的には正社員と共通のものとする必要があります。

課長　　家族手当などもそうですか？

コンサル　はい、そういう見方もできます。合理的に説明がつかないものは、正社員と同じくしていくというのが基本です。

課長　　精皆勤手当についてはどうでしょうか？

コンサル　A社の正社員にはつかないので、判断に迷うところですが、今後は**基本給に組み込んで再設計**してみることが考えられます。幸いなことに、皆さんまじめで出勤率も良いのでそれほど問題はないと思います。

課長　　通勤手当は正社員が所得税法上の非課税限度額までであるの

198

第9章　パート社員等非正規社員

　　　　　に対し、パート社員については上限額を現在、5,000円としてい
　　　　　るのですが……。

コンサル　正社員と同様にするように見直しましょう。皆さん近くに住
　　　　　んでおられるのでそれほど影響はないようです。現在、人がなか
　　　　　なか集まらないのが悩みということですが、パート社員にとっ
　　　　　て魅力は何かということを打ち出しながら、採用にあたっては
　　　　　できるだけ近隣の人にあたるようにしましょう。

課長　　　今、運転手当を支給しているパート社員がいるのですが……。
　　　　　規程では以下のようになっています。

> 　工場の技能職の者で、会社が認めたトラックの運転手も兼務する
> 者が当該配送業務にあたる場合には、その時間について基本時給に
> 200円を加算する。

コンサル　これは職務が限定されていて、また正社員で該当する人がい
　　　　　ないので必要であれば残しておきましょう。いずれにせよ、一
　　　　　部、特定の職務に就く場合に、**その職務の難易度・困難度・負
　　　　　担度に対して報いるもので正社員と共通かどうか**を判断材料す
　　　　　べきです。

■基本給（時給）の考え方（設計）

課長　　　手当については分かりました。肝心の基本給はどのように考
　　　　　えていけばよいでしょうか？　役割（職務）分析について正社
　　　　　員の業務を中心に行ってみましたが、どうも当社ではなかなか
　　　　　すぐにあてはめるのが難しいと感じます。

コンサル　当面は、**役割能力給**の考え方で見直しを進めていきましょう。
　　　　　言い方としては「職務職能給」の方がピンとくるでしょうか。

課長　　　「職務職能給」とは何でしょうか？

コンサル　正社員の賃金設計のところでもご説明したところですが（**第
　　　　　6章**参照）、**役割（職務）基準と職能基準の双方の要素を採り入
　　　　　れたもの**です。厳密な分離が難しい場合に、このような段階か
　　　　　ら進めていくというようにご理解ください。

199

第Ⅱ編　実際のトータル人事制度設計——コンサルティング事例から

課長　　　賃金表はどのように考えていけばよいでしょうか？

コンサル　一般職の段階号俸表と共通にしていくことを前提に考えましょう。ただし、パート社員は時給制が適しているということもあって、**当分は時給表を活用する**ことも考えられます。

　　　　　P-1級の初号は初心者としての時給額を設定し、P-3級ではベテランとしての適切な時給水準をあてはめてみましょう。

課長　　　パート社員の賃金制度設計にあたって押さえておくべきところは何でしょうか？

コンサル　はい、まずは**地域の同規模・同業種の賃金水準**からみて適切かどうかをチェックします。

　　　　　次に、**正社員と比較**して賃金水準の妥当性を確認します。

　　　　　1時間当たりの賃金について、正社員と比較し、バランスがとれた水準となっているかが重要なポイントとなります。役割分析のところでもお伝えしましたが、とくに正社員との仕事の内容や責任の差をどう反映すべきかが問題となります。ワークライフバランスが普及していくなかで、**正社員とパート社員を相互に乗り入れ、それぞれの能力、適性、要求によって相互に転換するように対応していく**ことが新たな課題となってきています。

　　　　　3番目には、**個々のパート社員の立場からしてやる気になる**か、満足できるか、満足までは難しいにしても**不平不満とならない仕組み**になっているか、運用も含めて確認します。

　　　　　そして、最低賃金を上回っているかどうかについては言うまでもありませんね。定期的に必ず押さえておきましょう。

課長　　　例えばどのような賃金表が考えられるでしょうか？

■**賃金表の作成方法**

コンサル　先ほどお伝えしたように、現段階ではパート社員の基本給は、仕事の付加価値に応じた職務給を中心に、等級別に評価査定も一部反映した能力給の考え方を採り入れた職務職能給が適していると思います。

第9章　パート社員等非正規社員

まずは時給制を前提にした段階号俸方式を参考に考えてみましょう。

図表9-3　時給制を前提とした段階号俸方式例

（単位：円）

号俸	P-1級	P-2級	P-3級
1号	950	1100	1300
2号	970	1130	1340
3号	990	1160	1380
4号	1010	1190	1420
5号	1030	1120	1460
6号	1050	1150	1500
	〜	〜	〜

○人事評価反映例
　S：4号俸／A：3号俸／B：2号俸／C・D：0号俸

コンサル　この表でいくと、例えば前年P-1級初号950円でA評価であった者は、3号俸990円となります。

課長　　　昇格した際の昇格昇給についても考えられますか？

コンサル　はい、**昇格した場合には、定期昇給とは別に1つ上の等級上の最も近くて前より上回る額（直近上位）に移行**させることとなります。この際に昇格昇給分を特別に加算して、メリハリを大きくすることも考えます。例えば、P-1級5号1,030円からP-2級に昇格した場合には、昇格昇給の100円を加算し直近の上位の額のP-2級2号1,130円となるわけです。

■賞与の設計

課長　　　当社ではパート社員に対して、賞与を支給しています。ただ3万円から5万円、業績が良いときにベテランのパート社員には10万円程度を支給したこともありますが、いわゆる「寸志」でした。これについてはどう考えていけばよいですか？

201

第Ⅱ編　実際のトータル人事制度設計——コンサルティング事例から

コンサル　これも大きな課題ですね。寸志というのは問題です。**正社員の賞与制度を意識し、貢献度に応じた金額に変えていく必要が**あります。そのために、年収全体の適正額、基本時給の見直しが必要になってくるかも知れません。次の賞与から変えていきましょう。正社員でご説明した「ポイント制賞与」（**第7章（152頁）**参照）についてパート社員にもあてはめて導入できるようにしていくことを考えましょう。

課長　　かなりのアップになるということですか？

コンサル　パート社員にかかっていた人件費全体からすればアップになることは避けられないと言えます。

課長　　パート社員のなかにも正社員を目指す積極的なグループと、一方では個人的な事情から、賃金のアップはそれほど希望しないが、残業もできず、今の仕事のままでよいとするグループの双方がいます。

コンサル　A社では1週間の勤務時間が35時間としてきましたが、今後は、なかでも正社員を希望する、言わば"正社員予備軍"としてのパート社員と、週に明らかに30時間未満の層に二分化していくということについては検討の余地がありそうです。これとあわせて、部門によっては社外の外注先に業務を委託するとか、一定期間の繁忙時期への臨時的な対応であれば派遣や期間限定のアルバイトの活用を検討するとか、会社として雇用のあり方も含めた経営全体の問題としてとらえていくことになってくるでしょうね。

課長　　人事も経営的視野で考えていくセンスが求められますね。残業も含めたパート社員の所定労働時間についてあらためて検討したいと思います。

パート社員の人事評価

■パート社員人事評価のねらい

コンサル　既にご説明しましたが、**人事評価は、正社員のみならずパー**

第9章　パート社員等非正規社員

ト社員にも実施すべきです。

課長　　　それはなぜですか？

コンサル　はい、同一労働同一賃金に向けて、担当する仕事もそうです
　　　　　が、能力や成果に応じて個別に決めるという前提になれば、評価
　　　　　制度は必須となります。他にも、昇格認定やリーダー・一般職
　　　　　への登用などに役立てたり、個々の能力のレベルアップを計画
　　　　　的に行いながら業務能率の改善に役立てるという評価制度本来
　　　　　のねらいからしても大事な制度となると言ってよいでしょう。

課長　　　どのような評価制度から行う必要がありますか？

コンサル　今までやったことがなければ、まずはシンプルなものでよい
　　　　　でしょう。**図表9-4**のようなところからスタートしてみるのは

図表9-4　パート社員の評価基準の例

項目		評価の内容
成績	①仕事の成果	◎担当する仕事の成果はパートとして期待どおりであったか
		○担当する仕事の量（処理件数など）は会社の期待に応えたか
		○担当する仕事の質（品質の面）は会社の期待に応えたか
		○お客様からの評判は良かったか
	②仕事の進め方	◎仕事の段取りや進め方は適切であったか
		○仕事の納期・期限を常に意識しながら、仕事を進めていたか
		○毎日の報告・連絡・相談をきちんと行っていたか
仕事へ取り組む姿勢	③規律遵守・自己管理	◎法令やルールを守り、公私の別をはっきりさせていたか
		○パートの就業規則や服務規律を守る姿勢は見られたか
		○上司や総合職の指示に忠実に従っていたか
		○時間管理や健康管理など、自分なりに意識して心がけていたか
	④責任感	◎パートとしての職務を十分に自覚し、自分の仕事をやり遂げようとしていたか
		○自分の失敗を他の責任にしようとすることはなかったか
		○クレームや問題が起きたときに、上司にすみやかに報告していたか
	⑤チームワーク	◎独りよがりに陥らず、周囲のことも考えて仕事が円滑に進むように気配りをしていたか
		○職場の良好な関係を保つ姿勢はみられたか
		○組織の一員としての自覚を持ち、周囲に進んで協力していたか
		○自己の都合にとらわれることなく、周囲への協力を怠らなかったか
	⑥向上心	◎知識やスキルの向上に励み、また仕事の改善にも自分のできる範囲で取り組んでいたか
		○パートとしての担当業務については自ら進んで取り組んだか
		○自分にとって新しい仕事にもチャレンジしていたか
		○レベルアップを自ら目指し、業務に意欲はみられたか

203

図表9-5 評価（査定）表の例

賞与評価査定案

社員番号	氏名	年齢	生年月日	勤続年数	入社年月日	部門		① 成果	② 進め方	③ 規律遵守・自己管理	④ 責任感	⑤ チームワーク	⑥ 向上心	総合点	備考
										評価者					
							配点	35	25	10	10	10	10	100	評価記号S/A/B/Dを入れれば、点数が自動的に算出されます。（すべてBの場合は60点となります）
							例	A	B	A	A	B	A	73.0	
								B	B	B	B	B	B	60.0	
								B	B	B	B	B	B	60.0	
								B	B	B	B	B	B	60.0	
								B	B	B	B	B	B	60.0	
								B	B	B	B	B	B	60.0	
								B	B	B	B	B	B	60.0	
								B	B	B	B	B	B	60.0	
								B	B	B	B	B	B	60.0	
								B	B	B	B	B	B	60.0	
								B	B	B	B	B	B	60.0	
								B	B	B	B	B	B	60.0	
								B	B	B	B	B	B	60.0	
								B	B	B	B	B	B	60.0	
								B	B	B	B	B	B	60.0	
0	合計[千円]														
	平均													60.0	

S 優良　　　　10点
A 良　　　　　8点
B 平均的標準　6点
C やや未達　　4点
D 問題あり　　2点

いかがでしょうか？

課長　これだと分かりやすいですね。

コンサル　ただし、導入にあたっては**説明をきちんと行い、規程も作成し、指導のためのフィードバックも実施していく必要があります。**

有期から無期契約への転換

課長　労働契約法の改正で、パート社員など有期から無期契約への転換もこれから発生することもあるかと思いますが、これについてはどのように考えておけばよいでしょうか？

コンサル　はい、前にもお聞きしましたが、無期契約のパート社員になって３級に昇格すれば、会社としては一般職に転換させたいということですね。

課長　はい、３級にもなれば、できればフルタイムで勤務してもらいたいと思っています。

コンサル　そうなると、水準もそうですが、月給制についても前提条件を考えておきましょう。

課長　現在、勤続３年目からの無期転換制度について検討しています。

コンサル　あわせて更新を含めて勤続５年経過したパート社員には無期に変わる権利が発生することには留意しておかなくてはなりませんね。規程も作成しておきましょう。

図表9-6　無期雇用契約転換制度の規程例

【勤続３年目以上のパートに対する場合】

　次の各号のすべてに該当する者を無期雇用契約社員への登用の対象者とする。

1　パート社員で入社し、勤続２年以上経過した者

2　正社員と同じ労働時間、労働日数の勤務が継続して可能である者

3　自ら無期雇用を希望し、意欲のある者

第Ⅱ編　実際のトータル人事制度設計——コンサルティング事例から

> 4　健康で勤務に支障がない者
> 5　無断欠勤がない者
> 6　会社の指揮命令に従って、周囲との協調性があり、勤務態度が良好な者
> 7　夏冬の査定評価においてB以上の評価が連続して3回以上であった者
> 上記、及び1～7には該当しないが、会社が業務上特別に必要と認めた者のなかから部門長が推薦し、幹部会で討議のうえで決定する。
> ※勤続5年以上経過する場合は別途定める。

第9章　ポイントまとめ

- ⚫ パート社員については、中期的視野で経験年数に応じた、担当職務レベルに対応した等級制度を作成する
- ⚫ パート社員の賃金制度は、能力主義を基本に公平性と納得性が必要
- ⚫ 諸手当は、仕事に直接関連したものや合理的に説明がつかないものは正社員と同様にする
- ⚫ 正社員と比較しバランスのとれた水準とする
- ⚫ パート社員の基本給は、能力・成果に応じた職務職能給が適当。賃金決定のほか、昇格・正社員への登用の際にも、パート社員の人事評価を活用する
- ⚫ パート社員にも貢献度に応じた賞与を支給する

〔**参考**〕人事制度運用規程の例（一部抜粋）

《省略》

第　章　管理職

第○条（管理職の定義）

　この規定における管理職とは、主管業務の責任者として、会社の方針に基づいて計画を立案し、またはその適切な運営を図り、もって自己の主管業務の目標を達成する責任と権限を有する役割を担う者をいう。なお、組織の統括職たる管理職とともに専門的役割を担う者も専門職としてこれに準じて扱う。

第○条（適用範囲）

　ここでいう管理職とは、次に掲げるものをいい、その職務及び権限については、等級基準書ならびに職務権限規程で定める。

（1）Mクラス相当管理職

　　① 　統括課長

　　② 　専門職課長

　　③ 　統括次長

《省略》

第○条（管理職者の要件）

　管理職の資格要件は、当該管理職者としての役割責任を遂行できる能力があるものとし、要件は次に掲げるとおりとする。

（1）Mクラス相当管理職

　　　管理職にふさわしい人格とともに、担当業務について広範囲な知識と経験を有し、あらかじめ定められた責任と権限に基づいて部長を補佐代行し、担当職務を全社的視野に基づいて遂行し、かつ次に掲げる能力を有すると認められる者。

　　① 　通常業務を独力で処理し、総括運営し得る能力を有すること。

　　② 　比較的限られた範囲の大綱が定まっている場合、企画立案及び開発を独力で推進していくこと。

　　③ 　担当業務において複雑で困難な事柄において高度な判断が要求される場合に、既存の先例に基づいて正確に、独立して処理し得ること。

　　④ 　きわめて高いレベルの専門知識を有し、マネジメントに関しての理解を持っていること。

　　⑤ 　下位者を指導し教育していけること。

《省略》

第○条（選考及び任命）

所管の部長は、管理職適格者を選考し、人事部長の申請を経て役割能力等級審査委員会に付議し、社長が任命する。

第〇条（選考及び任用時期）

各管理職位の評価選考及び任用選考時期は、原則として毎年4月に行うものとする。

ただし、業務上の必要とその他特別の事情があったときは、その都度行うことがある。

第〇条（評価選考及び任用手続）

各管理職位の評価選考及び任用は、次に掲げる手続により行う。

① 毎年3月末に各部長は、別途定めた基準に達する自己の所管部課のMクラスの管理職者について、評価表に基づいた管理職総合適性評価を行う。

② 前号の評価表は、3月〇〇日までに人事部長に届ける。

③ 各部より提出された評価に基づいて、人事部長はこれを役割能力審査委員会にはかる。

④ 役割能力審査委員会は、管理職についての総合評価を行い、管理職としての適否を協議し、社長が留任、昇進等を決定する。

第〇条（任用の原則）

管理職者の任用は、その職位の職務を遂行するに必要な資格要件に基づき、Eクラス及びMクラスの有資格者のなかから任用することを原則とする。

第〇条（任期）

管理職には任期を設ける。この任期は、原則として辞令の交付された日より2年間とする。

第〇条（留任）

任期終了といえども、評価成績が優れたものと認められたときは、留任を妨げない。

第〇条（降格又は解任）

1 管理職者に対しては第〇条に定める期間中、管理職者としての識見、教養、職務能力、勤務態度等について審査し、不適格と認めるときはその役職位を降格することがある。

2 前項においてその程度がとくに著しいとき、又はその者が病弱不健康又は心身の故障により職位を遂行することが困難と認められる場合はその役職位を解任する。

3 会社組織の変更又は業務の都合により、降格又は解任することがある。

第〇条（審査）

管理職者に対する前条第1項の審査は、役割能力等級審査委員会の審査を経て決定する。

第Ⅲ編

同一労働同一賃金化のポイント
──キーファクター

第Ⅲ編　同一労働同一賃金化のポイント──キーファクター

序　非正規社員の側からみた優先実行課題とスケジュール

　2018年夏、パートタイム労働法、労働者派遣法などが改正され、また
パート社員を含む有期契約のいわゆる非正規社員と、契約期間のないい
わゆる正社員との労働条件の違いに関する最高裁判例が続き、何から手
をつけたらよいのか戸惑っている中小企業が多いと思います。正社員を
中心としたトータル人事賃金制度の再設計が避けられないということは
先述したとおりですが、非正規社員の側からみて何を課題にどのような
順で見直したらよいのか整理をしてみました。

　まずは改正法施行を念頭に急いで実行すべき事項を第1ステップ、こ
れと並行し中期的スパンで計画を練りながら腰を落ち着けて実施してい
くべき事項を第2ステップと段階を分けて追ってみましょう。

1 ｜ 第1ステップの実施すべき項目

　言うまでもありませんが、まずは非正規社員について自社の現状を正
確に把握する必要があります。これには面談による意識調査と賃金など
の資料に基づく客観的な分析に分かれます。

　非正規も含めて全社員に対して定期的に面接制度を実施している企業
もなかには見受けられますが、残念ながらそうでない企業も少なくあり
ません。これまで制度としての面談を実施していなかった企業であって
もこの機会に円滑な関係を目指して実施することが肝要です。

(1) 面談によって実態を把握する

　以下の点に留意しながら、会社全体の立場から、また上司の立場から
個別の聞き取りを行います。

①現在の担当職務について本人はどのように自覚しているか

②将来の自分のキャリアをどのように描いているか

③当社で勤務を継続していくうえで会社に伝えておきたいことはあるか

　　正社員を希望している者はどの程度いるか、非正規であることに不

210

本意である者はいないかというところが重要です。

その他、何でもよいからとの前提での具体的な要望について把握します。

(2) 担当する仕事の実態を客観的に把握する

上司や本人の認識の確認とあわせて、会社の立場からあらためて規程や慣例も含めて客観的にとらえてみる必要があります。

①業務の内容は正社員と同じか、異なる場合にはそれはどこか

近い職種、経験年数もほぼ同じ正社員がいる状況を中心にとらえます。

②責任の程度は正社員と同じか、異なる場合にはそれはどこか

例えば、クレームやトラブルが発生した場合、非正規社員は正社員に報告するだけでよいが、正社員は自ら一次的対応をとることが求められていたり、正社員のみに目標達成が求められていたりする場合が該当します。

③職務の内容と配置の変更の範囲はどうか

担当する仕事の範囲、職種が変更となる可能性、及び所属の部署や勤務する事業所などの配置転換となる可能性は正社員と比べて異なるところはないかということです。

④その他の違いはないか

時間外勤務や休日勤務の可能性、出張の可能性、外出の頻度、社有車の使用など正社員と異なる事項について多面的に挙げてみます。

(3) 賃金面からチェックし、一部でもできるところから見直しを始める

①諸手当を見直す

担当する仕事に直接関わる手当を支給するよう検討します。正社員に支給されている通勤手当や皆勤手当についても検討が避けられません。

②最低賃金を超えているかチェックする

③賞与を見直す

現在無支給であれば一部でも支給する方向へ、現在寸志程度であればこれを脱却していく方向で見直します。

④昇給について見直す

一部限定的であっても実施する方向で検討します。

第Ⅲ編　同一労働同一賃金化のポイント──キーファクター

（4）就業規則と契約書について見直しを始める

　契約期間のあるフルタイム社員・契約期間のあるパートタイム社員・労働契約法第18条に基づき無期契約に転換となった社員・定年後再雇用社員など、タイプ別の就業規則をそれぞれ別個に作成します。

　これに伴い個々の契約書についても見直しを行います。就業規則との整合性に注意しつつ、とくに正社員との違いについて合理的に説明できるところを明記します。

2 | 第1ステップを進めていくうえでのポイント

　第1ステップをうまく乗り切るために注意すべき点は以下のとおりです。

（1）一般動向に敏感になり情報入手に努める

　これまで以上に敏感に情報を入手して傾向を読み取ります。とくに以下が重要になります。
①優良他社動向の把握
②公務員制度の動向
③有期契約社員の無期化の動向
④改正労働契約法や「短時間労働者及び有期雇用労働者の雇用管理の改善等に関する法律」（新法）に関する動向（判例も含む）
⑤厚生労働省（労働基準局、雇用環境・均等局）など行政の動向

（2）労使の話し合いをこれまで以上に重視する方針を打ち出す

　労働組合がなくても、従業員代表とのコミュニケーションを密にし、関係を良くしていくことが重要になります。

（3）経営及び人事の見える化を進める

　会社の財務などの経営状況についてできるところから公表します。

（4）経営及び人事の計画化を進める

　中期人員（要員）計画を作成することなどが挙げられます。

212

序 非正規社員の側からみた優先実行課題とスケジュール

（5）非正規社員に対しても説明を行う機会を設け、その際には真摯に丁寧に行う

会社として同一労働同一賃金に向け、いっそう改善に向けて進めていくことをアピールするとともに社員の声を聴きながら順次できるところから見直していくことを伝えていきます。

3 | 第2ステップ

第1ステップと並行しつつ、本書に展開しているように正社員と非正規社員双方からみてのトータル人事制度全体にかかる新たな体系を再構築していく段階です。

①人事の基本フレーム（等級制度など）

②昇格・昇進制度（降格・降職制度）

③転換制度

非正規社員から正社員への転換を促進させていくことが重要となります。

④賃金制度

⑤定期昇給制度及び昇格者などに対する特別昇給制度

⑥異動配置（ジョブローテーション）制度

⑦福利厚生制度

⑧教育研修制度

⑨退職金制度

⑩その他、関連する諸制度、活性化策など

なお、本書では取り上げていませんが、派遣社員の賃金の決め方も大きく変わることとなります。

以下からは**第Ⅱ編**でご紹介したコンサルティング事例をもとに、ポイントをまとめてみたいと思います。

213

第Ⅲ編　同一労働同一賃金化のポイント──キーファクター

1 現状分析を進めるポイント
～将来を見据え、自社の現状を直視する
──第Ⅱ編第1章

1 │ 将来のビジョンを描くことから

　同一労働同一賃金時代に向け、あらためて自社の将来のビジョンを描いてみましょう。グローバル化とIT化の進展を背景に経営環境がいっそう複雑多様化するなかで、これまでの経営のあり方そのものからあらためて見直し、今後どのような企業を目指すべきか、それに対して必要な人材像はどのようなものであるべきか、人事担当者にとっても経営マインドからの斬新な発想が求められてくることになります。

2 │ 短期的視野と長期的視野の双方から考える

　今回の「同一労働同一賃金」に向けての改革は、単に非正規社員を中心とした限定的な見直しにとどまりません。大正時代の旧「工場法」を基盤とした労働基準法など労働法規全般にわたる70年ぶりの大改正にあわせて、体系そのものの見直しを余儀なくされることとなります。

　今回の改革では、短期と中長期との双方からのアプローチが求められることになります。まずは長期的視野での基本的なスタンスを明らかにしていく必要があります。この方向性のもとに段階を追って中期的な視野で確実に改革を詰めていくこと、このためには社員を巻き込んで進めていくということが避けては通れません。さらに状況に応じてはその都度早急な対応を迫られる事態も予想されます。すなわち、足元の現実を見据えての段階を追ったステップアップ方式で順次実行に移していくことが求められます。

　中堅中小企業にとっては、真っ先に船をこぎ出す必要はないかも知れませんが、船団に置いて行かれることとなれば、厳しい現実が待ち構えていることを肝に銘じて計画的に進めて行くべきです。そのためにも、新たな行政施策や既に次々に打ち出されている司法判断の傾向に敏感に

1　現状分析を進めるポイント 〜将来を見据え、自社の現状を直視する

なり、先駆的な企業の動向を注視しながら、継続的に進めていくことが
求められます。

3 ｜ 社員の見えない心をみる

　私は、人事コンサルティングを始めるにあたり、経営幹部から始まっ
て管理職や一般社員の個別インタビューを多く行い、制度設計と運用に
活かしてきました。また、意識調査（モラール調査、従業員満足度調査）
についても重視してきました。社員の意識の面を把握しておくというこ
とは、これからますます重視されてくるでしょう。このことは社員の本
音を探るということでもあります。

　"見えない心をみる"ことにより、"差別感"の温床を探ることが重要で
す。同一労働同一賃金に向けて、人事マネジメントの要諦は"差別感をな
くすこと"、これに尽きると思います。"差別"と"区別（区分）"は異なるこ
とに留意しなければなりません。

4 ｜ これからは、社員を巻き込んでの"ガラス張りの見える化"が求められる

　人事制度の見直しを進めていくうえで、"見える化"が１つのキーワー
ドになっています。経営ビジョンを目にみえる形でということは当然で
すが、身近な評価制度を挙げてみましょう。これからは、人事諸制度の
なかでも評価制度がコアとなってくることは間違いありません。評価は、
その企業におけるビジネスの価値基準そのものです。先進的な他の企業
の評価制度を参考にすることはあり得るかと思いますが、そっくりその
まま真似て終わり、ということは決してあり得ません。言わば魂を入れ
るプロセスが問われることになります。

　明確な経営ビジョンのもと、社員を巻き込んで使える基準としてとり
まとめつつ、上司（評価者）のみならず、部下（被評価者）にとっても
自分はどのような要素・基準で評価をされるのかということを、会社、
上司及び部下が共有していくことが求められます。

215

第Ⅲ編　同一労働同一賃金化のポイント──キーファクター

2 人事区分を再編成するポイント

──第Ⅱ編第2章

1 │ 人事で言う"区分"とは何か

　"差別"ではない"区別（区分）"と先述しましたが、今後求められる人事制度を一言で言うと、「その企業に合った新たな区分の設定」ということに尽きます。

　船の構造を例に挙げて説明しましょう。長い航海を経て大海原を進む大きな船は、長い歴史の進化を経てきわめて合理的で安全な乗り物であることは言うまでもありません。重い荷物を積み、突然の嵐にも耐え、浸水があってもびくともしない作りとなっています。その理由として、発電機等の重要な装置や機械類が設置されている箇所は船底と船側ともに二重の構造になっており、またいくつもの「水密隔壁」による区画に分けてあり、たとえ複数の区画に浸水しても船が沈まないように安全に設計されていることが挙げられます。万一浸水によって船が傾いた場合は、ポンプで速やかに傾きを直せるように次なる工夫が施され、緊急事態にも対応できるような仕組みになっています。

　人事制度で言う"区分"はこれに似ています。水密隔壁を分かりやすくコンテナに置き換えてみます。これまでの企業規模の拡大とともにいつのまにか大きくなってきた倉庫のような方式から、積み上げのコンテナのような方式という形容が合っているのではないかと思います。

　すなわち、コース設定から始まる何段階かの区分設定はこれを指しています。一方で、運用が面倒になるこということは、これからは避けられなくなるというのが現実です。

　次に、それぞれのコンテナの箱を結びつけるのが「運用基準」です。縦に昇格（降格）基準であり、横が転換基準ということになります（**第Ⅱ編第2章の図表2-4（60頁）**を参照）。すなわち、社員にとって今どこに位置し、どこに移っていくのか、その自らの意思による選択肢を多く設定することで、合理的に反映させていくことになります。この動的

な動きは、単に一度決めて終わりということではありません。その都度、ライフスタイルの変化による選択もあり、“選択”と言うからには社員にとってもそれに応じた責任が求められます。各社員にとっても会社に依存するという従来の意識からの脱却が避けられなくなるでしょう。

2 ｜ 自社流の新しいコースを設定する

　人事の「コース」とは、従来は複線型とも言われ、一部の大企業だけにみられた人事制度ですが、これからは中堅企業でも避けられなくなるとみています。しかしながらこのことは、これまでの複線型人事制度が復活するという単純なものではありません。幹部及び幹部候補として超長期的雇用を前提とした男性を中心とする「総合職」、これを補助する業務に就く総合職よりも短い期間を前提とした女性を中心とする「一般職」といった単純な図式ではありません。これまでの非正規社員のなかで有期雇用から無期雇用へ転換する新たなグループの位置づけや、定年後に再雇用された高齢者層、補助的な業務とは逆の高度なプロフェッショナル・専門職層などが各社の実情によって複雑に入り組んで構成されることになります。

　重要なのは、これまでの硬直的な運用では対応できないということです。例えば、これまでもパート社員も含めた契約社員から正社員、または一般職から総合職への転換制度はみられましたが、一方的で形式的なものでした。これが本人の意思も的確に反映できるように精緻な転換基準の設定や運用が求められるようになってきます。もちろん、規定化や会社の説明責任も問われることになります。転換基準としてはその１つの箱（コンテナ）から隣の箱に移るまでの最短の滞留期間は１年間とするなどより短期化してきます。しかも重要なのは、その動きが双方向になってくるということです。ライフスタイルのなかで、行ったり、来たりということもあるかも知れません。このような“落ち着かない”人事制度が次の時代にはみえてきます。もっと大きくとらえれば、退職した社員がまた復帰して退職前とは別の箱に入ることや、他社との兼業が認められ、１週間の就業時間の半分だけ勤務する形態を認めるなど、より柔

第Ⅲ編　同一労働同一賃金化のポイント──キーファクター

軟になります。在宅勤務制度などとも関連して、半分だけ勤務し、半分だけ業務を会社から請け負うというイレギュラーな形態だってあり得るのです。言わばこれまでの常識とは異なった「何でもありという人事労務対応」が求められてきます。法律の対応の方が後追いになってくることは避けられません。

3 ┃ 転勤のあり方を見直す

　転勤制度（ここでは配置転換のなかでも住居の移転を伴うものを言います）については、企業にとってこれまでも大変頭が痛い問題でした。この転勤対応が、これからの人事制度改革に向けて大変重要になってきます。男女雇用機会均等法への対応を積み重ねてきた結果という見方もあります。一方、ジョブローテーションを計画的に徹底している一部の大企業は別として、これまでの「総合職＝転勤あり」、「一般職＝転勤なし」というような単純な図式では既に運用できなくなってきており、問題となっている実態を目の当たりにしています。

　ご承知のように、複線型人事制度においては、総合職には転勤あり、一般職には転勤なしの基準を組み込む企業が多かったわけですが、総合職でも事実上転勤の対象にはなっておらず、さらには拒否する社員がいて困っているといった相談を聞くことが少なからずあります。逆に一般職であっても、実際に転勤の対象候補となったり、転勤を希望する社員もいたりします。例えば、会社が、東京本社の一般職の人数が不足している一方で、名古屋事業所では一般職が必要な要員よりも多くなっている事情を考慮して転勤の打診をするという話を聞くことがあります。

　この矛盾を、いったいどう解決すればよいのでしょうか？　答えは単純にはいきませんが、あえて言えば、職掌（職種）、階層別に基準を設けていくことが対応策として挙げられます。職種別にみて、例えば担当顧客を持って外勤が中心となる営業職については、入社1年後から転勤を前提とするなどです。日本全国に営業所が網目のように展開している企業などがこれにあてはまるでしょう。

　一方で階層別にみるとどうでしょうか？　課長ないし係長昇進にあ

218

たって、原則として転勤もありとルール化を図る方策が考えられます。一定の役職以上ということで、実際の組織構成からのニーズにも適応させることが可能になるわけです。このことは昇格・昇進、賃金の大幅なアップを目の当たりにして言わば「踏み絵」のような感じに見受けられるかも知れません。なかには、転勤を望まないので昇格・昇進を一定期間、見送るというケースが発生してくることもあるでしょう。

　コース別人事管理や男女雇用機会均等法の間接差別との関係もあり、判例も多く、今後避けて通ることのできない課題となってくることが想定されます。もちろん、例外も考えられる場合には、「原則として」と入れておくことも必要でしょう。「原則として」というのは、あいまいで本来は避けたいところですが、一方、これからは硬直化に陥るのを避けるための運用面の「柔軟性」がより重要になってきます。すなわち、例外については特別に対応していくことであり、人事担当者にはそれだけの説得力が期待され、力量が問われることにもなります。例えば"最初は"あるいは"原則付き"ということから始めると、試行的に運用した後で正式に実施すべきか否かを判断することが可能となるというメリットも挙げられます。

4 ｜ 異動のあり方を見直す

　転勤との関連も含めて人事異動のあり方についても見直しが避けられなくなると言えます。これは多くの企業で課題となっている"多能化"にも結びつくものです。計画的なジョブローテーションについては、キャリアを開発していくために重要な要素とも言え、新たに会社の経営理念に沿った人事方針が求められるところでもあります。

　コース別人事制度を採る場合、総合職と比べて一般職などはとかく限定されます。本人の適性と意欲によって能力開発を効果的に促進していくという観点からすれば、本人の意思とは別に職務を意図的に限定することにいったいどれだけの意味があるのか、人事コンサルタントとしてはいささか疑問があります。社員はより自分に合った職務を探し、キャリアを形成していくことが長い目でみても企業発展につながるのではな

第Ⅲ編　同一労働同一賃金化のポイント——キーファクター

いかと考えます。そのこともあって、今後はコンテナを乗り換えるということに重点を置いた人事マネジメントに変えていく必要があると思われます。

3 人事フレーム構想を再設計するポイント

1 "ヒト；人"基準と"仕事；職務"基準の双方から フレームを組み直す

　これからの人事制度を考えるにあたって、"仕事"基準、賃金で言うと"職務給"に収束するという見方をする人もいますが、必ずしもそうではありません。

　一言で言えば、これからは"ヒト；人"基準と"仕事"基準（職務基準）の大きく両建てにしていくことになります。今後も"ヒト；人"基準がなくなるということは決してありません。ただし、"人"とは言っても、学歴や年齢、勤続年数、性別などの属人的な要素に注目するというわけでは決してありません。長期的視野で能力主義のもとに個々の職務遂行能力（職能）をいかに伸ばしていくかということが、日本の企業にとって重要であるということは今後も変わらないということです。職能とは、人が仕事をして初めてみえてくるものです。したがって詳しく言うと、"人"と"仕事"の両方にまたがるとらえ方と言うことができるかと思います。

　例えば、国家公務員の総合職試験を例に考えてみましょう。これについての賛否両論はありますが、採用基準は潜在能力を測るものとも言え、将来の期待値を量るというものでしょう。「有為人材確保論」[※]の解釈にまでなると話は難しくなりますが、このようなコース別の採用は今後形を変えていくことはあっても、まったくなくなるものではないと思われます。「もし今の置かれた立場に納得できないのであれば、あらためて勉強して難関の試験に合格して出直せ」ということで説明ができる、きわめて明快かつ合理的な仕組みであることがメリットです。ここで大事なのは、果たして機会が均等に開かれているかということです。

　今後は客観性をより重視して、仕事という側面から人事賃金をとらえようということは間違ってはいませんが、これだけですべてが解決する

※　優秀な人材を確保するために、正社員の処遇を厚くするという考え方

第Ⅲ編　同一労働同一賃金化のポイント──キーファクター

ものではありません。例えば入社後一定の期間は誰でも新入社員として経験ある先輩から教えを乞うことになりますが、大卒の総合職社員が若い一般職社員から定型的な実務について教わるということは今後ともあり得ることでしょう。今現在担当する仕事だけをみて制度設計を行ったとしても限界に行きあたり、さまざまな矛盾が生じてくることは避けられません。このことをみても分かるように、期待するヒトの能力に注目するということが決してなくなるわけではないのです。

　ただし、今までの延長としてのとらえ方からは脱却していくべきだということも一方では忘れてはならないことです。その時々に応じて解釈は常に変わり続けている、これが真実です。

2 ｜ 縦に大きく３つの階層区分から再設計する

　次に縦の階層をこれまで以上に明確に区分する必要があります。まずは総合職から一般のJ：ジュニアクラス、中堅（ベテラン）のS：シニアクラス、管理専門職層のM：マネジメントクラスの大きく３区分をはっきり分けてみます。私はこれをクラス区分と呼んでいます。ここであらためて大事になってくるのは、クラスという大ぐくりにした階層をまたぐ昇格の基準をどう設定し、運用していくかということです。これまで以上の厳格さが求められるようにしていく必要が出てきます。昇格の決定にあたって最も大事な要素が毎年の評価です。昇格とは逆方向の降格基準の設定も行います。厳格な基準のもとに実際に運用できるかどうかが鍵となります。

　なお、総合職のJクラス（一般階層）と一般職コースについては、架け橋（ブリッジ）としての明瞭な仕組みが大事になってきます。すなわち、どのコンテナとどのコンテナを結びつけるのが適当なのか、具体的には転換基準を具体的にどう設けるのかの問題になってきます。

3 ｜ 横に"職掌（職種）"区分から再設計する（第Ⅱ編第６章）

　これからのトータル人事制度では、職種別の体系に再構築していくこ

とが鍵となります。例えば、単独で取引先を担当し、しかも売上責任を持っている渉外営業に携わる職種や専門の分野を独力で担当し、上司からの包括的指示のみを受けて自ら計画を立てて業務を完結する技術開発職種などをまず別の区分とすることが考えられます（人事管理上、これらの職種による区分を「職掌」または「職群」などと言います）。

注意しなくてはならないのは、事務職です。私は業務職と一般事務職という呼称（呼び名）としています。業務職は人事、経理、法務など自らの経験と適性から一定の業務を完結することが求められます。これに対して一般事務職は業務職を補佐し、都度指示を仰ぎながら進めていくことが求められるものとします。

労働契約法の改正により、いわゆる契約期間のある非正規雇用の従業員（パートタイマーを含む）が、無期契約に切り替わった後の対応についてですが、まずはいったん一般事務職に移行し、その後**能力と適性、キャリア志向があるかどうか本人の意欲に鑑みて、業務職に転換するための基準を設計**します。これまでこのような見方をしてこなかったかも知れませんが、区分と基準、定義から整備していく必要が出てきているのです。

また、職掌の転換にあたっては、在籍年数、本人の意欲、上司の推薦、評価の累積傾向、役員面接、場合によっては筆記試験などを設けることが必要となります。このような職掌転換基準も鍵になってきます。

4 | 管理職と専門職について再設計する

これからの制度改定にあたって、大事なのは管理職としてのありようです。そもそも管理職とはいったい何なのか整理をしてみましょう。言うまでもないことですが、まずは組織の統括責任者たるライン長という立場です。一般的な組織の最小単位（ユニット）を「課」とする企業が今でも多いと思われます。課長としての職責（職務に求められる責任の程度）を明らかにしていくことから始めていく必要があります。

さて、この本来の統括職、ラインの長をメルクマールとして位置づけ、比較してみます。

第Ⅲ編　同一労働同一賃金化のポイント──キーファクター

　次に自社で言うところの専門職（スペシャリスト）とはいったい何か定義づけを行ってみます。例えば、仮に部下がいなくても、課長と同等の賃金を支払ってもいいぐらいの、もしくは他社からの引き抜きにあうぐらいの高いレベルの専門性が伴って初めて専門職と言えるのではないでしょうか。ただし、これは言葉で言うほど簡単ではありません。大手企業を中心とした専門職制度が形骸化してしまった事実を忘れてはなりません。会社が認定する専門性のレベルを継続して維持していかなくてはなりません。大企業の例ですが、専門職の任期を2年間とし、更新の場合には大学の教授を始めとした外部の専門家を交えた審議会を設けるところもあります。

　さらにこれに対して、いわゆる経験豊富なベテランとしての専任職（エキスパート）については、人事制度としては昔から存在しますが、より定義が難しく、処遇のための制度になっている企業も多く見受けられます。厳しい言い方ですが、専任職というのはこれから消滅していくものと考えられます。

5 ┃ 担当職務からの「役割（職務）分析」を実施する（第Ⅱ編第4章）

　厚生労働省からパートタイマー（短時間労働者）の職務分析の手法が紹介されています。職務分析については、以前より理論的、技術的な観点から書籍などでも紹介されてきましたが、実のところ、日本の企業で本来の職務分析を行って賃金制度に反映しているという話はほとんど聞いたことがありません。本家本元のアメリカではどうなっているのか聞く機会がありましたが、職務分析は、雇用の横断市場が確立されているなかで公正で公平な賃金決定を行う必要から発生したとのことです。しかも定型的な業務に限ったものだということでした。

　ただし、これからの同一労働同一賃金に向けて、人をみて賃金を決めるのではなく、仕事の方からみた「値踏み」を行っていく必要が出てきていることは間違いありません。日本流の職務分析を、本書では「役割分析」と名づけてご紹介しました。

　これは、役割給を決定し運用することが目的であることは言うまでも

224

ありませんが、むしろ自社の仕事の実態について直視しようとする、過程の積み重ねこそが重要なのだと思います。日本の企業ではこのようなアプローチがほとんどなかったという反省でもあります。

6 ┃ 昇格・昇進（降格・降職）制度を再設計する（第Ⅱ編第5章）

今後の人事制度の見直しにあたって、階層の上下の動きを示すこれらはこれまで以上に重要になってきます。昇格とは、等級制度（主として職能資格制度を前提としています）における等級が上がることを指し、昇進とは上位の役職（ポスト）に就くことを指しています。昇格の逆が降格、昇進の逆が降職となります。

上記については、これまでは企業の専権事項として、とくに客観性や公平性が問われるということまではなかったかも知れませんが、これからは、基準を明確に定め、運用を厳格にすることが求められるようになってきます。私はこのことも考慮して、今後は「コンテナ型の人事マネジメント」が求められてくるとしました。

昇格・昇進について、全社員に対して会社側の運用基準について規定化を図る必要があり、また当事者はもとより、候補に挙がっていたのに昇格しなかった社員に対しても個別の説明が問われるようになるものと思われます。一方で降格や降職についてはより慎重さが要求されることは言うまでもありません。

基準の設定にあたっては、客観性を担保するために公的資格の取得、筆記試験やレポート審査なども必要になってくるものと考えます。大企業では、以前より試験制度が設けられていましたが、これからは中堅企業についても必要になってくると思われます。なぜならば、試験ほど客観的な基準はないからです。本人の希望のもとに受験し一定以上のレベルであれば合格とするもので動機づけ策としても工夫の余地があります。ただし、言うまでもないことですが、学校の入学試験と同じようなわけにはいきません。あくまでも入口・第1段階としての選抜基準にしか過ぎないわけです。これを誤ってしまうと混乱します。仕事よりも試験勉強の方に熱心でしかも点数を取ることは得意な社員に一方的に有利

第Ⅲ編　同一労働同一賃金化のポイント──キーファクター

になってしまうということになりかねません。一方、昇格昇進基準の最後に面接審査を組み込んでおくことは避けられません。言わば会社側の最後の砦となるわけです。これについてもどのように決定したか、エビデンス（証拠）が求められるようになってくるでしょう。これらの昇格昇進基準については、将来有望な若い社員に対して、キャリアを効果的に築き上げていくために将来の展望が開け、いっそうやる気が出るような独自性と工夫が要求されてくると考えます。

4 賃金を再設計するポイント

4 賃金を再設計するポイント

1 | 体系全体から再設計する

　これから求められる賃金の要素とは何でしょうか？

　能力給（職能給）、役割給（旧、職務給）、業績給（成果給）の３つに絞られると言えます。これを自社の実態に合わせて、階層別にまた職種別に組み合わせていきます。

　次に、これを１年間に支払う賃金のなかでその目的が十分に発揮できるように構成すればよいのです。一般的には月々に支払う賃金は、能力給と役割給を中心に、賞与は業績給を中心に設計することになります。これを「複合型賃金体系」と言います。難しく考える必要はありません。

2 | 諸手当を再設計する

　同一労働同一賃金のガイドライン案を始め、昨今の裁判などの傾向をみると、早急に諸手当の見直しを行うことが避けられません。企業によっては、まずは基本給があって、これを補う形で手当を決定し、支給する企業が多いと思います。例えば、非正規社員に対しては手当分も含めて基本給で総合的に決定する仕組みとしている企業も少なくありません。なかには、同じ業務であった場合に基本給については契約社員の方が高いという企業も見受けられます。また、正社員については完全月給制を前提とするのに対し、非正規社員に対しては、基本給の一部を精皆勤手当として精皆勤を奨励している企業も見受けられます。

　しかしながら、ガイドライン案や判例などをみると、基本給と手当を切り離し、手当は手当で比較して違法かどうかを判断することが既に始まっています。このことをみても、あらためて手当だけの部分的な見直しにとどまらず、基本給を含めたトータルでの見直しが避けられないということは間違いないところです。今後は、家族手当や住宅手当などの仕事とは直接関係のない属人的なものについては基本給に統合する方向

227

第Ⅲ編　同一労働同一賃金化のポイント──キーファクター

で、廃止縮小されていくことが想定されます。

3 | 基本給を再設計する

　月々に支払う賃金のおよそ8割ないし9割を占める基本給は、能力給と役割給を中心に構成します。

　能力給は、能力主義のもとにじっくり年数をかけて安定して高くしていく性格のものです。能力の伸びを評価のうえで昇給額に置き換え、毎年少しずつ加算していく蓄積（ストック）型です。クラス・級ごとに適正範囲を決め、能力が高いと認められた場合には昇格が早く、より上のクラス・級に到達すればその上限額も高くなっていくように設計します。

　これに対し、役割給は、仕事基準のもと、より大きな責任のある立場（ポスト）に就けばその時点で一気に高くなる変動型、キャンセル型のものです。安定性は能力給よりも低く、場合によっては降給にもなりますが、実態に応じて仕事の付加価値に対応して決めることができるというきわめて合理的なものです。

　重要なのは、この2つの要素を階層・職種ごとに、自社で最も効果的な組み合わせを考えて設計することです。

4 | 上位の階層や一部の職種には「個別年俸制」を導入する

　最近、年俸制についての相談をよく受けます。しかしながら、ときにいまだ間違った解釈もされているようです。

　年俸制とは、賃金を年間で決める方式のことを指すものであり、直接その実態としての内容そのものを示すものではありません。年功的なものか、成果主義的なものかは別の問題です。私が関与した企業のなかで最も、年功的な運用をしている企業がありました。この企業では、例えば一般社員（非管理職）の賃上げが2.5%で決定されたとすると、年俸制である管理職はほぼ自動的に3%アップさせるというものでした。

　年俸制で大事なのは、個別に賃金を決めていく方式で、水準も他の社員よりも高く設定できるなど、柔軟性の高い仕組みであることです。言わ

228

ば賃金の集団管理から個別管理への変更であるという見方も成り立ちます。一方で決め方があいまいになりかねないところが欠点でもあります。

年俸制を採用する場合、その対象をどのように絞るかが重要となります。例えば、管理職以上などとすることが考えられます。また、先述の職種別人事賃金体系とも関連しますが、担当顧客を持ち、期待される業績も明確に定めることが可能な自己完結型の渉外営業職などは、Ｓクラスから、または係長以上から、などとさらに拡大させることもあってよいと思います。

年俸制を採る場合には、評価の納得性、目標管理制度のレベルアップ、面接制度などの整備が求められます。いずれにしても双方が納得したうえで契約を結ぶという丁寧な手続きとプロセスが避けられません。年俸制となれば、一部は変動給としてとらえ、減額もあり得ることですが、この場合、仮に評価結果によって減額となる場合には、賃金の生活給としての見方からも一定のルールを決めておく必要も出てきます。

5 ｜ 業績連動型のポイント制賞与を再設計する（第Ⅱ編第７章）

ポイント制というのは大変合理的な仕組みです。中堅以上の規模の企業では、退職金制度では既におなじみとなっていますが、同一労働同一賃金に向けて、このポイント制がより適応してくるものと思われます。ポイント制を一言で言うと、賃金決定の要素を洗い出し、ポイントに置き換えて応用することです。このメリットとしては、自社で思い描く賞与制度を自由に多様に設計できることです。

賞与の特性はどこにあるでしょうか？　それは、月例賃金の後払いという部分と毎回業績に連動して変動する部分とで成り立っているということです。すなわち、毎回キャンセルされる部分があるということに注目して設計を行います。

月例賃金のうち、重要な要素である基本給などをベースとして、等級別、評価別、職掌（職種）別、役職（ポスト）別にポイントとして組み込んでいきます。

労働組合があれば、月々の後払いとしての安定部分についての一定の

第Ⅲ編 同一労働同一賃金化のポイント──キーファクター

割合を要求してくることは避けられません。そのためのルール決めが必要となってきます。

例えば、その1つが激変緩和措置の設定です。前回の支給額を前提に、同じ評価であるのならば一定のプラスマイナスの範囲に収めるように設計を行います。

そのためにも個々にあてはめて検証を地道に重ねていくシミュレーションが欠かせません。また客観性を高め、基準を公開するということが前提となってきます。

なお、ポイント制は、優れもので先述の年俸制にもあてはめることができます。

6 | ポイント制退職金制度を再設計する

ポイント制については事例でも紹介していますが、等級ポイントと勤続ポイントが基本形となります。最近では、その時にどのような責任あるポストに就いていたのか役割（役責）ポイントとして採り入れたり、その期の評価がどうであったかポイントとして加算したりする（トッピング形式）ことなどが最近の傾向として伺えます。

もう1つ重要なのは、ポイントの単価の設定と見直し条項です。いわゆるベースアップが必要なときにはポイント単価をアップすることは当然ですが、業績悪化に伴って単価を下げる余地も残しておき、これを規定化しておきます。ただし、この実際の運用にあたって慎重さが求められるのは言うまでもありません。

5 人事評価を再設計するポイント

——第Ⅱ編第8章

1 目的別に再構成し、非正規も含めて全社員に実施する

　同一労働同一賃金に向けて、今後、人事諸制度のなかでも評価制度の見直しと運用が大変重要になってきます。格差についての根拠がこの評価結果によるものと立証を余儀なくされることにもなります。したがって、これまで以上に公平性と納得性が求められることになるのは間違いありません。これにもあわせて、定期的に、また必要に応じて本人に対する的確なフィードバックが欠かせなくなってきます。

　あらためて、評価制度の目的を考えてみましょう。評価には、①気づきを与え能力開発を進めること、②業務改善に役立てること、③ジョブローテーションや昇格・昇進など組織運営に役立てること、④昇給や賞与など賃金等の処遇に反映させること、などいくつもの目的が挙げられます。

　①の能力開発を効果的に進めていくためには、期待基準を明らかにしたうえでの絶対評価が前提となります。④は賃金に反映させるためにさらに詳細な仕組みを設定する必要があり、このルールに基づく実行を「査定」と言います。この査定については相対評価も含まれてくるものです。

　以上をみて分かるように、明確な基準のもと、意識づけからしっかりとマネジメントを行っていくことで初めて有効に機能していくものです。中小企業でも評価制度を行っていないという企業はさすがに少ないとは思いますが、非正規社員や定年後再雇用者などに対しても評価を実施していくことが避けられなくなってくることは間違いありません。

2 業績評価は、区分に応じた目標管理制度を導入する

　評価の対象となる項目としては、業績（成果）の評価と行動（プロセス）評価に大きく分かれます。

231

第Ⅲ編　同一労働同一賃金化のポイント──キーファクター

　業績評価は、規模でみると中堅以上の企業では、圧倒的と言っていいほど目標管理制度（MBO）が導入されています。これからも目標管理制度の運用がなくなるわけではないと言えます。ただし、これまでのように「何となく目標管理」というものではなく、コース別及び階層別にどのように位置づけて実行していくかが問われてきます。

　残念ながら、現在、評価制度がうまくいっていない最も大きな原因が、この目標管理制度にあると言ってもよいでしょう。また、評価者及び被評価者にとって最も負担が多いのがこの目標管理制度でもあります。なぜこのような人気のない目標管理制度を実施しなくてはいけないのかと言えば、これに代わる成果を測る効果的な仕組みが見当たらないからです。あえて他に成果を評価する方法として、今期の自分の成果を上司にプレゼンをするやり方もあると聞いていますが、あいまいで、自信家で言葉巧みな社員が一方的に有利になるなどの弊害が想定されることが目にみえています。したがって、期の初めに目標という形で課題を上司と部下で共有し、日々目標達成を目指して部下が頑張り、これを上司がサポートするという仕組みが最も適しているということがあらためてよく分かります。

　ただし、目標管理制度で一番ネックだとされているのは、期の初めに期末を予想して目標を設定せざるを得ないという時間のズレの対応です。したがって、状況に応じて軌道を修正するような柔軟な対応が求められるところです。業務環境は日々変化しています。目標管理制度を形骸化させないための工夫を凝らし、目標の数値化（定量化）のみにこだわるのではなく、定性的な目標にも対応できるように、点数に置き換えて直接評価結果に反映させる直接連動方式ではなく、業績貢献など内容を吟味したうえで反映できるような間接連動方式を考慮すべきです。そのためにも、**175頁**で挙げたような運用が重要となってきます。

3 ｜ 行動評価は、階層・職掌別に実態に即して再設計する

　業績評価に対して、もう一方の勤務態度や能力評価を含む行動（プロセス）評価については、上司が部下の行動について日々観察を続け、こ

れを記述していくという地道な積み重ねが避けられないものです。これについては、これまで以上にコース・階層、職掌ごとの細かい評価基準の策定が必要となります。

　期待される能力基準を明らかにしたうえで、１年に１度の定点で測る能力評価も重要です。昇格にあたって一番のウエイトが大きいのがこの能力評価になるからです。

4 ┃ 運用面をこれまで以上に重視する

　公正で公平な評価を進めていくためには、運用面も重要になってきます。マニュアルの作成、評価者研修及び被評価者研修の定期的実施、フィードバックなどの評価面接、評価結果に疑義が生じた場合の苦情処理委員会などです。

　評価の運用にあたって規定に従って手順を踏んで的確に実施しているかどうかが鍵を握ると言っても過言ではありません。

第Ⅲ編　同一労働同一賃金化のポイント──キーファクター

6　非正規社員の人事賃金の再設計

──第Ⅱ編第9章

　正社員のなかでも一般職など下位の等級層との架け橋（ブリッジ）を早々に再設計する必要が出てきます。法律との関連もありますが、これまでのパート社員や契約社員などについては、あらためて等級制度を設け、なかでもリーダーとして該当する等級を明確にするとともに、これまで非正規の従業員でフルタイムでの無期契約社員になった者に対しては、優先的に正社員の一般職コースへの転換の道を開くべきです。

　屋上屋、中二階のような感じにも見受けられるかも知れませんが、先述のとおり、これも人事のコンテナマネジメントの一環として重要になります。正社員への転換基準が検討事項となりますが、転換のために最低限必要な期間を長く設定することは望ましくありません。3年以内とすることが適当であると思われます。

　また一方、当面の課題としては、関連の労働法対応のうえで諸手当の整備や賞与制度の見直しが避けられません。

7 関連して実行すべきポイント

1 | 定年、再雇用制に留意する

　2013年の高年齢者雇用安定法の改正による影響は大きいものでした。65歳までの雇用延長に向けて、定年の延長は避けたものの本人の希望があれば65歳まで雇用する企業は、当然ですが増えてきています。ここに同一労働同一賃金の対応が課題となってきています。定年後だから、年金が支給されるからといった理由だけで賃金を大きく下げるということはだんだん難しくなってきます。高年齢雇用継続給付を含めてこれの対応に注視しつつ、在職老齢年金や日本の賃金システムの曲がり角を代表する現象という風にも見て取ることができます。

2 | 組織管理を含めた関連諸規程を整備する

　今回の同一労働同一賃金改革を進めていくにあたって、諸規程の整備が避けられません。「コンテナ方式」を進めて行くにあたり、コンテナから次のコンテナに乗り移る場合の縦方向の昇格基準や降格基準、昇進基準や降職基準がまず挙げられます。賃金や評価に関する規程の見直しは言うまでもなく、これまでそれほど重視されてこなかった規程についても新たに策定するなどの必要が出てきます。

　次に、コースを転換する際の基準を設ける必要があります。

　さらに組織管理のあり方からの見直しも避けられなくなってきています。とくに職務分掌と職務権限規程が重要となってきます。「職務／役割」について定義から運用基準を明らかにしていく必要があります。

　企業によっては「兼務」の発令が多いところが見受けられますが、なかには非常に負荷がかかっている場合もあり、また、実態が伴っていないケースもあり、さまざまです。

　そのため、組織の見直しが先に解決すべき課題であり、これの解決が人事制度改革を進めていくうえでの鍵を握っていることもあります。

235

3 | すべてに"丁寧な運用"を行う

　同一労働同一賃金改革に向けての人事は、制度（ハード面）のみならず公平・公正な運用（ソフト面）も重要になってきます。中期的な視野のもと、柔軟性を持って対応をしていくことです。

　現場サイドでの日々のコミュニケーションを密にし、企業は、差別感をなくすことによりいっそう力を入れていかなくてはなりません。その時々で、今、社員の関心はどこにあるのか、不満がどのようなものでどこに広がっていこうとしているのか、アンテナを立てて、これを聞き入れていく態勢への環境づくりが求められます。

　このことは世の中の動きに敏感になり、その時点での優先順位はどうなっているのか、どの事項はまだそれほど厳しい運用まで求められていないのか、関連の情報を迅速に入手しつつ、常に見直しを繰り返していくことに他なりません。

　これまでは、「何か起これば」の対策でしたが、これからは、まだ起こらない段階であっても、問題の芽を見つけ出し、説明責任を尽くして、リスクを未然に防止するマネジメントが求められることになります。

あ と が き

　「働き方改革〜同一労働同一賃金」が法制化され、日本の企業に激震が走りました。この混乱はいっそう高まる気配すら感じられ、当分の間止みそうにはありません。日本の企業の雇用基盤が揺らぎかねないくらいの大きな転換期にさしかかっているのは間違いありません。

　私ごとになりますが、名刺に人事コンサルタントと印刷するようになってから既に30年経とうとしています。

　人事コンサルタントとは、毎週のように数社の中小企業の社長や幹部、社員の方々と接し、その時々の現場の生の声を聞くことのできる貴重な仕事です。「事実は小説よりも奇なり」という諺がありますが、想定外のことも含めて得るものが多種多様かつ新鮮、しかも内容の濃い仕事は他にはないと思っています。机上でわかるものでは決してないのです。この地道な日々を重ねていくうちに、少しずつ“ヒト”の本質がみえてくるものだと信じてこれまでやってきました。

　数えてみると、本書が9冊目の単著となります。しかしながら、今回ほど表現に悩みながら執筆したことはありませんでした。現実との狭間に立ち、不透明感が強く、足が地につかない感じがいまだ続いています。

　このような状況のなかでも、人事の業務が初めての方にとっても理解していただけるように、ここ数年の実際のコンサルティング事例をもとに図表を採り入れながらできるだけ分かりやすい解説を試みました。これから人事制度を見直そうと考えている中小企業にとって、本書が、どの方向に向けて、またどのように道筋を踏んで見直していくべきか、何かしら手がかりとなれば幸いです。

　このたびの執筆を通じて、新たに気づいたことがあります。確固たる理念が前提にあればこそ、時代の波とともに大きく変わることに耐えうるというものです。というのも対象が、「今、ここに生きている“ヒト”であるから」ということに行き着きます。

　企業もまさに“生きもの”であり、マネジメントの要諦でもある人事制度は、その時々の企業の実情に応じて柔軟性の高いオリジナルなものでしかあり得ないのです。

乱暴な意見とは知りつつも、法律や難しい規範などは、本来先にあるべきものではないと思っています。

　「個々が働く目的意識を明確に持ち、生き生きと動き、それぞれのライフサイクルとの調和を通じて生きがいにも結びつき、これを組織からみれば大きなエネルギーとなって結集し、発展していく。」

　どうも世の中がだんだん矮小化し、息苦しくなってきている感がしないでもありません。

　大局を見失い、小手先のやりくりのみに囚われてはならないと思っています。

　巻末を迎え、磯谷弓子氏を始めとして労働調査会出版局の方々には、構想の段階から２年近くにもわたり、大変お世話になりました。

　感謝の気持ちを込めてここに筆をおきます。

　2018年９月

　　　　　　　　　　　　　　　　　二　宮　　　孝

〈著者紹介〉

二宮 孝（にのみや　たかし）

人事労務コンサルタント・株式会社パーソネル・ブレイン代表取締役。
社会保険労務士、産業カウンセラー。
1955年広島県生まれ。早稲田大学法学部卒業後、東証一部上場商社人事部、大手
外資系メーカー人事部、ダイヤモンドビジネスコンサルティング㈱（現三菱UFJ
リサーチ＆コンサルティング㈱）を経て独立。豊富な実務経験を踏まえた実践的
なコンサルテーションを幅広く展開している。対象は民間企業（上場企業から中
小企業）、社団・財団法人、地方自治体など120社（団体）を超える。

著書
『プロの人事賃金コンサルタントになるための教科書』（日本法令）
『高年齢者雇用時代の人事・賃金管理』（経営書院）
『雇用ボーダーレス時代の最適人事管理マニュアル』（中央経済社）
『役割能力等級制度の考え方・進め方』（インデックス・コミュニケーションズ）
『新しい給与体系と実務』（同文舘）
『仕事の基本がよくわかる人事考課の実務』（同文舘）
『パートタイマー採用・育成マニュアル』（東京都産業労働局/編著）ほか多数

○オフィス
〒150-0011　東京都渋谷区東3-15-8　小澤ビル501
TEL：03-3406-5605
FAX：03-3406-5396
ホームページ：http://www.personnel-brain.co.jp/
E-mail：ninomiya@personnel-brain.co.jp

わかりやすい「同一労働同一賃金」の導入手順

平成30年10月25日　初版発行
令和元年8月7日　初版2刷発行

著　者　二宮　孝
発行人　藤澤　直明
発行所　労働調査会
〒170-0004　東京都豊島区北大塚2-4-5
TEL　03-3915-6401
FAX　03-3918-8618
http://www.chosakai.co.jp/

©Takashi Ninomiya, 2018
ISBN978-4-86319-683-4 C2034

落丁・乱丁はお取り替えいたします。
本書の全部または一部を無断で複写複製することは、法律で認められた場合を除き、
著作権の侵害となります。